PROJETO DE VIDA

Dados Internacionais de Catalogação na Publicação (CIP)
(Câmara Brasileira do Livro, SP, Brasil)

Araújo, Silvia Maria de
  Projeto de Vida : nas asas do tempo / Silvia Maria de Araújo, Fabiana Stella Pereira de Araújo. – Petrópolis, RJ : Vozes, 2023.

  ISBN 978-65-5713-632-4

  1. Autoajuda 2. Projeto de vida I. Araújo, Fabiana Stella Pereira de. II. Título.

22-118647   CDD-158.1

Índices para catálogo sistemático:
1. Projeto de vida : Planejamento e execução : Autoajuda : Psicologia 158.1

Eliete Marques da Silva – Bibliotecária – CRB-8/9380

SILVIA MARIA DE ARAÚJO
FABIANA STELLA PEREIRA DE ARAÚJO

PROJETO DE VIDA

Nas asas do tempo

EDITORA VOZES

Petrópolis

© 2023, Editora Vozes Ltda.
Rua Frei Luís, 100
25689-900 Petrópolis, RJ
www.vozes.com.br
Brasil

Todos os direitos reservados. Nenhuma parte desta obra poderá ser reproduzida ou transmitida por qualquer forma e/ou quaisquer meios (eletrônico ou mecânico, incluindo fotocópia e gravação) ou arquivada em qualquer sistema ou banco de dados sem permissão escrita da editora.

CONSELHO EDITORIAL

Diretor
Gilberto Gonçalves Garcia

Editores
Aline dos Santos Carneiro
Edrian Josué Pasini
Marilac Loraine Oleniki
Welder Lancieri Marchini

Conselheiros
Elói Dionísio Piva
Francisco Morás
Ludovico Garmus
Teobaldo Heidemann
Volney J. Berkenbrock

Secretário executivo
Leonardo A.R.T. dos Santos

Editoração: Maria da Conceição B. de Sousa
Diagramação: Sheilandre Desenv. Gráfico
Revisão gráfica: Anna Carolina Guimarães
Capa: Érico Lebedenco

ISBN 978-65-5713-632-4

Este livro foi composto e impresso pela Editora Vozes Ltda.

*Agradecemos a Deus pela vida
e àqueles que, com amor, partilhamos
o nosso Projeto de Vida.*

Sabedoria
Tudo o tempo leva,
a própria vida não dura,
com sabedoria,
colhe a alegria de agora
para a saudade futura.
Helena Kolody

Sumário

Projetar a vida, 9
1 Por que ter um Projeto de Vida?, 15
   1.1 Agora e sempre a vida é um projeto, 16
   1.2 As múltiplas dimensões da vida, 25
   1.3 O tempo nos faz pensar, 36
2 Planos de Formação – A esfera pessoal, 53
   2.1 A dimensão física da vida e o tempo pessoal, 54
   2.2 A relação espaço-tempo e a percepção do intelecto, 66
   2.3 Valorize o passado: cultive as emoções, 76
3 Planos de Convivência – A esfera social, 99
   3.1 Vida familiar e a temporalidade do afeto, 100
   3.2 As amizades em um tempo acelerado, 113
   3.3 Diferença de ritmos no relacionamento afetivo, 124
4 Planos de Capacitação – A esfera profissional, 141
   4.1 Viver é preciso, estudar também é preciso, 142
   4.2 Vida de trabalho – Um tempo que nos consome e nos projeta, 158
   4.3 A base material para garantir a nossa sobrevivência, 171
5 Planos de Esperança – A esfera da cidadania, 185
   5.1 Viva de corpo e alma a dimensão espiritual, 186
   5.2 Ser solidário – Um tempo a serviço dos outros, 201
   5.3 Lazer – Para dar tempo à vida, 214
6 Meu Projeto de Vida, 229
Quem é?, 243
Referências, 251

Projetar a vida

À beira de um lago ou de um espelho d'água experimente jogar uma pedrinha e observe o que acontece. Formam-se imediatamente muitos círculos ao redor do ponto onde a pedra mergulhou.

Levamos a vida nos conhecendo a nós mesmos. Esse é o mergulho da pedrinha no lago. Quanto mais fundo a lançarmos, mais nos descobriremos. A pedra que afunda na água é a instância do nosso eu. Temos personalidade, formamos nosso caráter pessoal, somos cada qual uma individualidade, únicos e singulares.

O movimento físico das ondas concêntricas é uma reação à placidez da superfície da água rompida pela pedra lançada. A formação dos círculos pode ser comparada à nossa percepção do tempo que passa e desenha o cenário múltiplo dessa modernidade exacerbada por nós vivida.

Na pluralidade de saberes atuais e do seu próprio processo de autoconhecimento, este livro levará você a elaborar o roteiro de um pensar o tempo em concepções-chave, para que o seu mergulho seja profundo e traga à tona o melhor de si mesmo para um viver melhor.

Com você faremos um percurso que cobre os círculos concêntricos no espelho d'água, em esferas altamente interligadas: a pessoal, a convivial, a profissional e a do cidadão. São questões-convite para os planos que você formulará em seu Projeto de Vida:

- Planos de Formação – Sou o que penso que sou?

- Planos de Convivência – Sei conviver na aceitação do outro e no compartilhar?
- Planos de Capacitação – Como posso me capacitar ainda mais?
- Planos de Esperança – O que faço para manter a esperança?

Vivemos de forma concomitante e intensa, intercambiável e crescente as esferas do eu, do outro e do nós ao longo da nossa existência, num processo contínuo do momento presente, que se faz imediatamente passado e antevê o permanente futuro.

Na esfera pessoal formulamos nossos Planos de Formação sempre em andamento. A construção de uma vida individual é também a de uma vida familiar, social, profissional, comunitária. A luta cotidiana de cada um se torna uma experiência coletiva, propõe o sociólogo Ulrich Beck em suas teses, descortinando a esfera do nós para pensar o Projeto de Vida, no rumo da autorrealização.

Na esfera social, convidamos você a uma exploração desafiante para se encontrar com o outro, seja com aqueles que integram seu círculo mais restrito da convivência em família, com os amigos, com o(a) parceiro(a), seja em círculos mais amplos do bem viver em sociedade.

Nos Planos de Convivência, afirmamos nossa identidade. Neles, desenvolvemos habilidades interpessoais, hábitos e comportamentos, praticando o diálogo, exercitando a empatia, a cordialidade e o respeito para compartilhar a vida, quando essa nos confrontar com as diferenças e os conflitos sociais.

Os Planos de Capacitação descortinam a força da sobrevivência, dos estudos e do trabalho, expondo as condições para que a vida material aconteça da melhor maneira. Nessas dimensões nos deparamos de forma mais intensa com as mudanças sociais.

Ao agir com ética e espírito solidário, conquistamos e exercemos a condição de cidadãos e formulamos Planos de Esperança. Não estamos sós, vivemos em sociedade. Introjetamos normas do viver organizado em conjunto, assimilamos e expressamos traços da nossa cultura de origem. Se construirmos pontes na formação de uma consciência ética para a condução da vida, essa ficará mais fácil para todos e faremos flanar o nosso *Projeto de Vida nas asas do tempo*.

Esse convite-roteiro para traçar um Projeto de Vida sustentável inspira-se em fundamentos filosóficos, sociológicos e psicológicos da vida cotidiana ao seu alcance. A proposta pauta-se na metodologia fenomenológica de Alfred Husserl e de Merleau Ponty, seguindo o princípio da percepção das múltiplas dimensões da vida e a integração dos âmbitos indivíduo/sociedade, teoria/prática, corpo/alma, homem/natureza, jovens/adultos.

De um modo reflexivo e interativo, o livro pretende ser a senha do seu ingresso no teatro da própria vida. Você é o autor, o produtor, o ator e o espectador em tempo real do passado, do presente e do futuro. Mas viva o seu agora de modo intenso e consciente. Só o momento presente existe e se faz promessa do que será o seu devir.

Utilize o espaço do livro para traçar o seu Projeto de Vida. Também poderá fazer anotações em um caderno. A escolha é inteiramente sua para projetar a vida por quanto tempo desejar, determinar, alterar, aprimorar, rever, retomar.

Boa leitura ativa! Só não esqueça que todos somos protagonistas e plateia ao mesmo tempo. Nossos recursos e *script* são o exercício estratégico e constante do autoconhecimento, respondendo: Quem eu sou?

Nesse teatro a céu aberto, o espelho d'água está esperando você lançar a pedrinha, que irá quicando a superfície até mergulhar fundo nesse processo de descoberta de si mesmo e de transformação consciente de quem você é. Feliz espetáculo da vida!

1
Por que ter um Projeto de Vida?

A vida é um projeto
Dimensões da vida
O tempo nos faz pensar

1
Por que ter um Projeto de Vida?

A vida pode ser um voo livre ou ter um plano que a oriente. Um Projeto de Vida nos fará mais presentes no agora e mais confiantes no futuro ao estar assentado em nossos valores, aqueles princípios que conduzem nossas ações.

Por traduzirem nossas necessidades e interesses, as múltiplas dimensões da vida – corporal, intelectual, emocional, familiar, da convivência (quem não gosta de ter amigos?), do relacionamento afetivo, espiritual, estudos, dimensão solidária, profissional, material e do lazer (afinal, ninguém é de ferro!) – nos levam a desenvolver habilidades capazes de nos tornar pessoas melhores. Se as vivermos em equilíbrio, então tudo flui de forma mais construtiva.

As dimensões da vida são interligadas e têm efeitos sobre você e o seu entorno. Elas nos propiciam a percepção do tempo e a capacidade reflexiva, imaginativa e projetiva – o autoconhecimento –, necessárias para formular o Projeto de Vida. Uma vez que se estimula o autoconhecimento, surge a necessidade de não deixar a vida simplesmente passar.

Projetar a Vida é algo muito dinâmico e envolvente e, com certeza, você se sentirá desafiado. Protagonista único, será capaz de dar novo significado à sua vida sempre que conveniente. O Projeto de Vida é um processo interminável, continuamente retomado. Afinal, estamos sempre em busca de novas conquistas. A vida continua exigindo alcançar o futuro com realização e, para tal, os projetos prosseguem. Tal qual o andarilho precisa subir no alto de uma montanha para ver a encosta vencida, o caminho percorrido e, então, reconhecê-lo como um conjunto com suas voltas e tortuosidades, também reconhecemos a concatenação e coerência das nossas ações e feitos, além do valor dessa trajetória, ao final de um período ou até mesmo da vida inteira, afirma o filósofo Arthur Schopenhauer. Será o olhar lançado para trás que nos mostrará os frutos, o como agimos e o modo pelo qual projetamos a vida.

1.1 Agora e sempre a vida é um projeto

Você saltaria de um avião sem paraquedas e sem uma iniciação para voos dessa natureza? Você faria um voo livre? Você escalaria uma montanha sem equipamentos de alpinismo? Como chegaria lá no topo? O bom-senso diz que você não se arriscaria em situações como essas. Pois então, como pretende seguir sem ter sequer um plano para orientá-lo e ajudá-lo?

"Estou compreendendo quem eu sou, então espero ter uma presença no mundo", crescemos ouvindo muitas vezes essa mensagem de sucesso dos pais, professores e em diferentes âmbitos da cultura. São votos de que tenhamos uma vida boa e florescente, de realização e incentivo às conquistas pessoais e profissionais. São estímulos a sermos vencedores. Vencer o quê? Quem? Por quê? Nem sempre as pessoas conhecem a si mesmas para se realizarem. Já pensou nisso? Você se conhece? Não perca tempo comparando-se a ninguém. Você é único.

Você chegará a muitas vitórias certamente, mas deverá se empenhar para alcançá-las. Estudar e trabalhar arduamente ao seu tempo, fazendo o seu melhor, comprometendo-se consigo mesmo, chegará lá. Conhecendo-se e tendo um Projeto de Vida que estabeleça coerência entre o que acredita e o que vive, as realizações, a autossatisfação e a grandeza de espírito farão parte de você diuturnamente.

Eu sou assim

Em um grupo de pessoas – colegas de trabalho, de estudo, de interesses específicos – faça sua apresentação pessoal dizendo seu nome e se tem um apelido. Destaque uma característica que lhe é própria ou um traço de sua personalidade, compartilhando com eles sobre quem você é. Publicize-se e acerque-se de você: eu sou assim.

Projeto, do latim *pro-iectus*, significa projetar, avançar. Projetar a vida equivale a se antecipar às ações com discernimento, liberdade, vontade, organização, critérios e determinação. Um Projeto de Vida nos leva a lançar um olhar sobre a própria realidade, nossas crenças, convicções e os compromissos que assumimos conosco. Ele se transforma num exercício do eu, ao aliar desejo e vontade, ação e determinação e nos incentiva a refletir.

Para ter, aprimorar e rever constantemente um Projeto de Vida, estamos lidando com o passar do tempo cronológico e precisamos decidir como queremos usufruir a vida. Por isso, as perguntas que fazemos a nós mesmos traduzem nossa maneira de ver e sentir, pensar e agir. Elas definem o que procuramos e expressam valores.

Descoberta de si mesmo

- Quem eu sou?
- Qual é a minha origem?
- Conheço minha história de vida?
- Quem são os meus familiares?
- Onde eu moro?
- O que eu faço? Estudo ou trabalho? Ou ambos ocupam minha atenção?
- Qual é a minha condição financeira?
- Quais são as minhas potencialidades? Conheço os meus talentos?
- Sei quais são os meus defeitos?
- Com que formas de apoio posso contar?
- Do que eu tenho medo?
- Aonde quero chegar?
- Posso melhorar o meu desempenho?
- Estou satisfeito(a) com o meu jeito de viver?
- Sinto que contribuo de alguma forma para a sociedade em que vivo?
- Estou comprometido(a) com o meu desenvolvimento pessoal e profissional?

O que são valores? Aquilo que prezamos muito, algo que tem significado para nós. Valores são algo permanente como uma filosofia de vida, por estarem atrelados a uma ordem afetiva, ética, moral, cívica, espiritual. Princípios e valores nos quais acreditamos balizam ações e norteiam nosso caminho: ampliam nossa consciência da vida, transformam nossos sonhos em realidade, desenvolvem nosso sentir por nós e pelos outros.

Os valores ajudam-nos a indagar sobre a nossa realidade num processo de autoconhecimento. São princípios que orientam nossa conduta e atitudes pessoais e sociais, desde as pequenas coisas. Por serem referências, possivelmente universais e válidas em diferentes culturas, como a verdade, a justiça, a honestidade, o compromisso, a responsabilidade, a lealdade, o bem comum, a paz, os valores direcionam a vida, forjam atitudes para o bem, o belo, a paz, a união. Também nos perguntamos sobre em que acreditamos, nossas convicções, nossos posicionamentos diante da vida, das relações com outras pessoas, do contexto histórico-social no qual vivemos. Soltamos as asas no tempo e ouvimos nosso coração, procurando lá no fundo: O que eu aspiro, pelo que suspiro e espero?

Vivência
- Quais são os meus sonhos neste momento da vida?
- Que sociedade seria ideal para viver bem?

Escreva um breve poema ou uma pequena narrativa dos seus sonhos. Eles são sementes de futuros projetos, daí a importância de registrá-los.

_____
_____
_____
_____

Conhecer-nos é um mergulho em nós mesmos. Esse é um mundo complexo e fascinante a explorar. Para sermos pessoas na acepção integral da palavra, o filósofo Sócrates, quatro séculos antes de Cristo, já indagava: como conhecer a arte de melhorar o próprio homem, se não soubermos quem somos? E com o filósofo René Descartes aprendemos que o indivíduo se faz sujeito ao perceber a experiência, ou seja, experimenta também a percepção de si mesmo, se vê no mundo. Assim, se na Antiguidade o mundo vivia o mistério do universo como seu foco de interesse, a Era Moderna coloca o homem em seu centro e no interior da alma, explora e estimula essa imersão.

Nosso "estar no mundo", esse aqui e agora, é a vida prática consciente do nosso ser, do nosso fazer, na expressão do sociólogo Alfred Schutz. O mundo da vida é intersubjetivo, acontece entre sujeitos, por serem sociais todas as nossas relações. Estar no mundo é apreender uma experiência determinada de socialidade em nosso meio numa perspectiva temporal para o que queremos realizar. É vivermos uma tensão específica da consciência com a espontaneidade que nos é própria. Estar no mundo é nos avaliar constantemente para viver nossa essência como seres em busca de plenitude.

Descoberta de si mesmo

- O que eu mais gosto em mim?
- Quais são as minhas qualidades?

Com um Projeto de Vida que nos espelhe e seja uma bússola ou um GPS (*Global Positioning System*) para nos orientar no caminho, somos capazes de estabelecer compromissos de conduta, expor nossos propósitos, identificar prioridades de ações. Tiramos, então, o projeto do papel para a prática. É importante que ele seja bem refletido, específico e escrito. Vamos colocá-lo em prática. O sociólogo Ulrich Beck enfatiza a premência de os indivíduos construírem a própria vida e, para isso, organizar o seu Projeto é fundamental.

Mesmo sendo fruto das circunstâncias, o Projeto de Vida tem que "ter a sua cara", pois só depende da sua vontade direcioná-lo. Quando abraçamos nosso projeto pensamos no futuro próximo, no que desejamos para nós, numa razão de existir, num sentido maior da vida. Com o Projeto de Vida, as nossas ações tomam forma, mudam o cenário, os nossos sonhos se amplificam e ganham dimensão realizável. Com ele podemos alcançar outros e aqueles com os quais convivemos numa concretização da dimensão do nós, comprometendo-nos para além do eu isolado.

Tempo de vida é considerado (auto)biografia, fruto da identidade pessoal, que se constitui nas mudanças e permanências, no viver simultâneo do passado imediato, do presente inesperado e do futuro prometido. A relação entre tempo de vida e tempo social é considerada um produto histórico da Modernidade, época que se pensa a si mesma. Nada mais oportuno, portanto, do que você fazer do seu Projeto de Vida um instrumento analítico, particular e sensível, para se perceber como pessoa do seu tempo e se realizar plena e conscientemente.

A identidade pessoal produzida durante a vida resulta da relação entre mudanças e permanências, características de continuidade e interrupções de comportamentos e propósitos, de modo que se transita no tempo entre o passado, o presente e o futuro.

Em cartaz
- Assista ao filme *Eu maior*. Documentário, 2013. Direção de Fernando e Paulo Schultz. Brasil.
Pessoas de diferentes áreas de atuação refletem sobre o conhecer e o conhecer-se do ser humano.

Propiciadas pela Modernidade – uma era de grandes transformações sociais desde o século XVII – essas descontinuidades têm alterado o ritmo da vida, afirma a socióloga Carmen Leccardi. A Modernidade contesta a ordem universal como revelação divina, promove a razão e a ciência na condução da humanidade, pautando-se pela convicção de que os indivíduos têm a capacidade de agir de modo livre e responsável, conforme os princípios do individualismo. Ela inaugura uma era de reflexividade intensa no homem e do homem, questionando sua própria condição de estar com e entre outros. A Modernidade cria a ideia do futuro a ser conquistado pelo progresso técnico, mas o futuro é mais que isso, é lidar com o efêmero da vida humana num tempo histórico, ou seja, de realização pessoal também do protagonista das realizações materiais. Esse desafio está posto ao alcance de nós, homens e mulheres do nosso tempo.

> **Atenção curiosa**
>
> *Traços da Modernidade*
>
> A Modernidade está vinculada à racionalidade, e neste cenário o processo de racionalização reverbera em muitos níveis, tais como no desenvolvimento da ciência e da técnica, enquanto condição do progresso humano global; no modo particular de relação com o mundo, que se resume na afirmação fundamental da autonomia do indivíduo-sujeito capaz de "fazer" o mundo no qual vive e de construir ele mesmo as significações que dão sentido à sua própria existência; na forma de organização social marcada pela diferenciação das instituições, cada qual especializada nos diferentes domínios da atividade social (HERVIEU-LÉGER, apud TEIXEIRA, 2005, p. 42).

Vivemos uma era de incertezas e de insegurança quanto ao futuro, e o Projeto de Vida é uma forma de construir subjetivamente um futuro virtual. Pelo projeto se desenha o futuro. Sua eficácia demonstra-se justamente por despertar a capacidade de projetar a ação além do presente, imprimindo força ao cotidiano, dando chance de confiar na vida.

Um Projeto de Vida integra ações no sentido de desenvolver habilidades de planejar, estabelecer metas e planos, propor objetivos, rever planos existentes, dar novo significado à vida; enfim, criar uma dinâmica comportamental de transformar mero planejamento em algo construído.

PARE E PENSE

- O que é um Projeto de Vida?

Destaque e relacione Projeto e Vida numa tempestade de ideias; depois, ordene-as.

A elaboração de planos é importante, independentemente da idade que temos ou da fase da vida em que nos encontramos, pois promovem qualidade ao viver e nos capacitam a dar-lhe sentido. Mais que isso, formular planos alimenta nossos sonhos para concretizá-los. O Projeto de Vida mantém nossa mente ativa, possibilitando projetar e concretizar desejos, adaptando-os à experiência própria e às circunstâncias, um ajuste necessário e constante.

O Projeto de Vida ajuda a superar nossas limitações e a inércia da vida de rotina sem criatividade, abrindo-nos horizontes e criando perspectivas de ação. O bem-estar proporcionado pela elaboração e, principalmente pela concretização do projeto, é traduzido pelo aumento da autoestima, podendo e devendo ser atualizado, avaliado, adaptado, retomado num processo de renovação a vida.

Teste sua habilidade de autoestima

Procure se lembrar das qualidades que outras pessoas observaram em você nos mais diferentes âmbitos das suas relações (família, escola, amigos, trabalho, outras situações).

- O que esses elogios têm em comum?

Anote os aspectos assemelhados nas qualidades que outras pessoas veem em você.

A autoestima é o valor que a pessoa se dá a partir de ações, emoções, comportamentos, do conhecimento que tem de si mesma. Necessitamos ser estimados e termos afeto. Somos instados a querer bem as pessoas, mas antes de tudo precisamos gostar de nós mesmos, nos aceitarmos. A autopercepção gera sentimentos variados de inferioridade ou de superioridade, que se expressam na autocrítica, na introversão, na autocensura, no egoísmo, na extroversão. Obter o equilíbrio nesse autoconhecimento polarizado por sentimentos influencia nossas experiências de bem-estar e qualidade de vida e, nesse aspecto, o Projeto de Vida pode ser um grande aliado para elevar nossa autoestima. A letra de Oswaldo Montenegro na música *Tocando em frente*, composição de Renato Teixeira de Oliveira e Almir Sater, nos diz muito sobre o ritmo, os desafios e as conquistas de um Projeto de Vida.

Não perca esta dica

- Leia o livro de Dain Heer: *Sendo você, mudando o mundo* (em português). *Access Consciousness Publishing Company.*

Uma leitura para perceber que seus sonhos são possíveis apostando em si mesmo.

Jogo rápido

Projetos nos impulsionam a viver e a realizar, plantando no presente o nosso futuro. Por isso, o Projeto de Vida estimula o conhecer-se valorizando a autoestima tão necessária em nossa sociedade, na qual predominam as incertezas e precisamos fazer frente a elas.

Descoberta de si mesmo

Caro leitor, observe a necessidade de autoconhecer-se, de valorizar a sua experiência, a capacidade de discernir para fazer melhores escolhas, as circunstâncias, nem sempre ajustadas ao esforço despendido para viver. Dê importância ao seu nascimento, à família de origem, aos estudos, à formação que recebeu, à capacitação que o habilita profissionalmente, aos amigos, às conquistas de tantas frentes de luta, às suas superações, ao trabalho que desenvolve, à família que constituiu, aos sonhos e planos, ao amor, às amizades. Escreva sua própria biografia.

_____
_____
_____
_____

1.2 As múltiplas dimensões da vida

Na linha do tempo, a vida transcorre nas dimensões que a integram. Sugerimos algumas, mas você pode eleger outras, que talvez possam expressar melhor sua motivação diante dos desafios da vida. Como as faces de um jogo ao qual nos prendemos e precisamos decifrar, as dimensões da vida (não importa quantas você considere) exprimem necessidades, interesses e aspirações que nutrimos. Elas são escolhidas para que o autoconhecimento e a satisfação pessoal aconteçam.

As diferentes dimensões dão o ritmo harmonioso da vida: física, intelectual, emocional, familiar, do convívio social e amizades, do relacionamento afetivo, dos estudos e formação, profissional e da capacitação, material, espiritual, solidária, do lazer.

Em intercâmbio, cada dimensão manifesta uma unidade de experiência sempre em diálogo com as demais. Sua vivência dá ensejo a projeções. Esse é o objetivo deste livro: que você delineie o seu Projeto de Vida. Defina-o em planos de ação, estabelecendo metas, objetivos e resultados. Procure alcançar o equilíbrio entre as dimensões de interesses para sua vida fluir a contento.

O equilíbrio obtido nas e entre as dimensões da vida não é só trabalhar, nem viver para as amizades ou apenas cuidar do aspecto físico, por exemplo. O equilíbrio requer dosar os pensamentos e ações com controle e clareza. Decorre daí uma maior facilidade para compreender a realidade, solucionar problemas, lidar com adversidades, resolver conflitos, enfim, viver melhor.

> **Não perca esta dica**
>
> • Leia o livro de Robert Wong: *O sucesso está no equilíbrio*. Rio de Janeiro: Campus.
> O autoconhecimento é o caminho para o equilíbrio; o sucesso é sua decorrência.

No sentido emocional, o equilíbrio refere-se à prudência, à moderação, ao domínio de si, à valorização de todas as partes envolvidas, sem privilegiar umas em detrimento de outras. O termo equilíbrio vem do latim *aequilibrium* (*aequus* = igual + *libra* = balança) e significa um sistema de forças que mutuamente se compensam, um estado a que se atribui algo de forma igual e proporcional, traduzindo estabilidade e harmonia ao todo.

As dimensões da vida são realidades múltiplas e coexistem, dando significado ao nosso cotidiano. Desde hábitos simples a ações mais amplas e densas em sociedade, procure viver de uma forma harmônica, sem excessos e/ou limitações. Busque o caminho do equilíbrio. Aja, por exemplo, sem acessos de raiva por algo que não deu certo ou não deixe de realizar uma tarefa por preguiça.

A experiência integrada da vida se contrapõe à desarticulação que existe no mundo contemporâneo entre corpo e espírito, indivíduo e sociedade, teoria e prática, autonomia individual e independência social, como se fossem realidades isoladas, confundindo relações sociais importantes.

Descoberta de si mesmo

Fora do meu controle	Sob o meu controle
Pensamentos	Pensamentos
Ações	Ações
Hábitos	Hábitos
Comportamentos dos outros	Meus comportamentos
Emoções	Emoções
Gestos	Gestos
Impulsos das outras pessoas	Impulsos
Planos a realizar	Planos a realizar

Propomos a você conhecer-se cada vez mais e melhor, considerando as diferentes dimensões de ação, para planejá-las e ir construindo o Projeto de Vida. É importante definir o seu rumo, o sentido da vida, firmando os valores que o embasam. À medida que nos conhecemos e vivemos de forma equilibrada os diferentes interesses, vamos compreendendo algumas das realidades particulares do tempo, o porquê do ritmo impresso à vida e como lidar com o tempo, esse rio a correr e a nos metamorfosear sempre que nele mergulhamos para nos conhecer.

> **PARE E PENSE**
>
> Diante dos nossos olhos desfilam o passado e o presente e se vislumbra o futuro individual e da esfera social. Ficam indagações:
> - O que o tempo significa nas condições de vida de hoje?
> - Por qual razão vivemos pressionados pelo tempo?
> - Como agimos em relação ao tempo que passa?
> - Sabemos aproveitar o tempo da melhor forma?

O senso comum concebe o tempo como fluxo de acontecimentos do passado para o futuro, mas há variações na noção habitual de tempo. Para o físico Albert Einstein, por exemplo, inexistia a distinção entre passado, presente e futuro. *São apenas ilusões, mesmo que teimosas,* dizia ele diretamente de sua Teoria da Relatividade, a negar qualquer significado absoluto e universal ao momento presente.

Na simultaneidade de tempos e de múltiplos interesses, as dimensões da vida rompem com o tempo cronológico, por isso precisam ser pensadas e requerem planejamento. A ideia base do Projeto de Vida é conhecer-nos para manter, melhorar e/ou mudar comportamentos. Aplicamos a técnica dos "3 Ms" (manter, melhorar, mudar) aos planos de ação estratégica para cada uma das dimensões. Então, com o nosso jeito de ser formulamos o Projeto. É esse viver o tempo cotidiano que o livro discute.

O conjunto das dimensões responde à realização do Projeto de Vida, porque somos pautados pela ação. A ação é a corrente de experiências que corresponde a um projeto pensado, elaborado e escrito. Ação é, portanto, a capacidade de ser e de fazer algo para construir e revelar a nossa identidade.

O que fazemos com intenção pode se configurar em ações instrumentais, por serem guiadas pela racionalidade dos objetivos. Quando nos propomos a realizar algo pensado no Projeto de Vida, nosso agir com propósito dispende energia direcionada, carrega intenções no movimento de concretizar alguma coisa com significado. Outras ações que se completam no próprio objetivo são ações expressivas, como algumas atividades simples: comprar um agasalho, ler um livro, visitar um *site*, beber um copo de água.

Todos os nossos atos surtem efeitos, têm desdobramentos, consequências, atingem outras pessoas. Motivados, consciente ou inconscientemente, agimos em função da nossa intencionalidade em concretizar algo. Mas agimos não isoladamente, pois a cadeia de ações individuais entrelaça-se à de ações coletivas. Aprendamos a atribuir mais a pessoas do que a coisas esse enredamento das nossas ações, e assim distinguiremos as ações dos acontecimentos.

Na verdade, a essência dos conteúdos do mundo se destaca de suas aparências e muito do que aparenta ser não o é realmente. Desse modo, o ato de existir não sucede *no* tempo, mas *do* tempo. Apreendemos muito da matéria-energia em fluxo sem saber explicá-la, apenas vivendo ao mesmo tempo as múltiplas dimensões de interesses e necessidades.

Presente no mundo

Desculpas que nos damos quando adiamos nossos sonhos

Tenho pensado muito ultimamente sobre as mudanças que vêm acontecendo na minha vida [...]. Mudanças internas, eu quero dizer. Porque, por mais que a gente mude por fora, significa que existiu uma revolução por dentro. E hoje eu gostaria de comentar sobre as principais desculpas que costumamos nos dar diariamente para não fazermos aquilo que queremos fazer, seja o que for. [...] Das desculpas [...] a que mais me entristece, por ser tão comum, é "nunca vou conseguir fazer isso". As pessoas costumam dar esse tipo de desculpa porque nasceram em uma família pobre (de dinheiro), ou porque não concluíram uma faculdade, ou porque nunca saíram do país, ou porque têm filhos, e por aí vai. As desculpas vão alimentando umas às outras para chegar à conclusão mental de que nunca conseguirá o que quer. Supere o comodismo e busque soluções. Pare de falar que nunca conseguirá e monte um plano. Qual seria o primeiro passo? Às vezes é necessário apenas agir, colocar as coisas em movimento, que o resto você vai fazendo (GODINHO, 2014).

Ação e tempo são complementares. O tempo economizado pelo uso das novas tecnologias da informação e da comunicação, das quais a internet e o smartphone são exemplos, é "consumido" pelo impulso contra o "tempo real" como parâmetro de ação. O tempo real influencia nossa ação, pois pensamos em função do que podemos criar, fazer a mais com os equipamentos de que dispomos. Com o auxílio das máquinas, sentimo-nos poderosos, como se estivéssemos vencendo o tempo que escoa.

Descoberta de si mesmo

- Como você vive o seu tempo, caro leitor?
- Já pensou na relação fantástica entre o tempo e você projetar a vida?
- E ser capaz de identificar seus sonhos e os meios para realizá-los?

Parece um paradoxo, mas o equilíbrio entre as dimensões da vida só é alcançado pelo movimento. Um ciclista, por exemplo, só se equilibra na *bike* se ele pedala. E vida é ação, um tempo de movimento em direção a realizações. Só existe tempo, segundo Hipócrates, quando há ocasião e oportunidade de agir e ele o cumpriu como dedicado médico, na Grécia antiga. A ação com intenção, portanto, se situa como a chave para lidar com o tempo e produzir o Projeto de Vida.

Dada a complexidade da realidade, a sugestão é estabelecer estratégias de ação para cada dimensão da vida, verdadeiros planos para não deixar a rotina se instalar. A vida ficará mais leve e, você, uma pessoa mais realizada.

Atenção curiosa

Mude, não se repita indefinidamente

O cérebro humano mede o tempo por meio da observação dos movimentos. Se alguém colocar você dentro de uma sala branca vazia, sem nenhuma mobília, sem portas ou janelas, sem relógio... você começará a perder a noção do tempo. Por alguns dias, sua mente detectará a passagem do tempo sentindo as reações internas do seu corpo, incluindo os batimentos cardíacos, ciclos de sono, fome, sede e pressão sanguínea. Isso acontece porque nossa noção de passagem do tempo deriva do movimento dos objetos, pessoas, sinais naturais e da repetição de eventos cíclicos, como o nascer e o pôr do sol. Compreendido este ponto, há outra coisa que você tem que considerar: nosso cérebro é extremamente otimizado. Ele evita fazer duas vezes o mesmo trabalho. Um adulto médio tem entre 40 e 60 mil pensamentos por dia. Qualquer um de nós ficaria louco se o cérebro tivesse que processar conscientemente tal quantidade. Por isso, a maior parte destes pensamentos é automatizada e não aparece no índice de eventos do dia e, portanto, quando você vive uma experiência pela primeira vez, ele dedica muitos recursos para compreender o que está acontecendo. É quando você se sente mais vivo. Conforme a mesma experiência vai se repetindo, ele vai simplesmente colocando suas reações no modo automático e "apagando" as experiências duplicadas. [...]

Tanta coisa se repete que fica difícil dizer o que tivemos de novidade [...]. Em outras palavras, o que faz o tempo parecer que acelera é a... rotina. Não me entenda mal. A rotina é essencial para a vida e otimiza muita coisa, mas a maioria das pessoas ama tanto a rotina que, ao longo da vida, seu diário acaba sendo um livro de um só capítulo, repetido todos os anos. [...] Escolha roupas diferentes, não pinte a casa

> da mesma cor, faça diferente. Beije diferente sua paixão e viva com ela momentos diferentes. Vá a mercados diferentes, leia livros diferentes, busque experiências diferentes. Porque se você viver intensamente as diferenças, o tempo vai parecer mais longo. [...] Enfim, acho que você já entendeu o recado, não é? Boa sorte em suas experiências para expandir seu tempo, com qualidade, emoção, rituais e vida (MENDONÇA, 2007).

Porque vivemos num contexto de Modernidade – incerteza, tempo acelerado, fragmentos, tudo muito transitório, instável e efêmero – também a representação da individualidade muda. Em que sentido? Hoje nos pensamos separadamente dos demais cidadãos, sentimo-nos sujeitos do próprio tempo. Restam-nos poucas referências às instituições democráticas, aos projetos coletivos, ao modelo de sociedade do bem comum, por isso precisamos cultivar um sentimento reflexivo sobre nós mesmos, incluindo o entorno de relações. Daí, o Projeto de Vida abrigar planos em diferentes aspectos da nossa experiência para não nos perdermos numa vida vazia e individualista.

Em contraposição aos cenários de crises e incertezas em muitos âmbitos da vida individual e coletiva, a reação é buscar saídas que não prejudiquem a autorrealização. Afinal, quem não quer estar bem e fazer o seu melhor? Há uma sinergia que se estabelece quando se trata do aprimoramento de pessoas, ou seja, no âmbito social do inter-relacionamento observam-se os efeitos. Uns precisam cuidar dos outros, como aconteceu durante a pandemia do novo Coronavírus, em 2020 e 2021.

Nos anos de 1990, a OMS (Organização Mundial da Saúde) teve a iniciativa de propagar o desenvolvimento de dez Habilidades de Vida: Autoconhecimento, Relacionamento interpessoal,

Empatia, Reconhecimento dos sentimentos, O aprender a lidar com o estresse, Comunicação eficaz, Pensamento crítico, Pensamento criativo, Tomada de decisão, Resolução de problemas.

Pesquisas têm demonstrado que, onde foram implantados programas sociais visando a aquisição de habilidades de vida, os resultados foram a qualidade da convivência, a inclusão social, o aumento da educação, a prevenção de dependência às drogas, a melhora da aprendizagem, entre outros.

Jogo rápido

As dimensões da vida precisam ser equilibradas para que as descobertas aconteçam. Conhecendo-as, faremos nosso autorretrato diante das habilidades de vida a serem desenvolvidas ao longo da trajetória.

Presente no mundo

Caro leitor, de modo independente das dimensões aqui sugeridas, avalie como você vive, quais são seus hábitos e interesses na fase atual. Selecione as principais áreas das suas necessidades físicas, intelectuais, afetivas, espirituais, materiais e aquelas que lhe são importantes. Defina seu perfil de atuação e expresse suas principais características. Trace seu autorretrato, como você se vê, como se sente, as qualidades que sabe ter, algum comportamento que queira corrigir, hábitos do seu dia a dia, o que sonha alcançar, desejos acalentados e agrupe-os em espaços que chamará "as dimensões da minha vida". Esses são aspectos com os quais você se identifica e nos quais age, sempre lembrando que as ações acontecem no âmbito das relações humanas, um poço de expectativas e surpresas. Vá em frente, determine-se e conduza sua autorrealização. Com essa identificação terá o seu merecido passaporte para o Projeto de Vida.

Autorretrato	Dimensões da minha vida
Como me vejo?	
Como me sinto?	
Quais são as minhas qualidades?	
Quais são as minhas características que posso aprimorar?	
Quais são os meus principais hábitos?	
Quais são os meus sonhos?	
Eu e os outros – Como eu me situo?	
Eu no mundo – Tenho consciência do valor da minha presença?	

1.3 O tempo nos faz pensar

A percepção do tempo é um desafio para os seres humanos. O tempo imprime uma lógica à vida. O tempo existencial é nossa autopercepção subjetiva. O tempo define o que se inicia e o que finda, compassa a ação humana, rege as atividades sociais.

Mantemos uma relação de ambiguidade com o tempo. Por vezes queremos detê-lo ou mesmo entregar-nos à sua passagem. O tempo nos marca e deixa a sua marca. Por causa dele nos angustiamos ou saudamos a maturidade que chega com certo pesar: *Queria voltar no tempo, ser jovem com a cabeça de hoje.* Ou certa impaciência para logo ter 18, 20 anos: *Droga de vida que não passa rápido!* Ouvimos expressões como essas muitas vezes.

> **O que eles têm a dizer**
>
> É preciso acercar-nos mais e mais do nosso eu para compreender o estar no mundo; é preciso percebê-lo, pensa assim o filósofo Edmund Husserl (2019):
>
>> Este mundo, à mão para mim agora e manifestamente em todo o Agora de vigília, tem o seu horizonte temporal bilateralmente infinito, o seu conhecido e desconhecido, passado e futuro vivendo imediatamente e sem vida. Na atividade livre de experienciar que faz o que é presente intuído, eu posso traçar estas inter-relações da atualidade que imediatamente me circunda.
>>
>> Eu posso mudar o meu ponto de vista no espaço e no tempo, voltar a minha consideração nesta ou naquela direção, para a frente ou para trás no tempo; posso sempre obter novas percepções e apresentações, mais ou menos claras ou mais ou menos ricas em conteúdo, ou então imagens mais ou menos ri-

> cas em conteúdo, ou então imagens mais ou menos claras nas quais ilustro para mim próprio intuitivamente aquilo que é possível ou provável dentro das formas fixas de um mundo espacial e temporal. Na minha consciência vigilante, eu encontro-me desta maneira em todos os momentos, e sem nunca ser capaz de alterar o fato, em relação ao mundo que permanece um e o mesmo, se bem que em mudança com respeito à composição dos seus conteúdos. Está continuamente *"à mão"* para mim e eu próprio sou um membro dele.

O tempo nos foge à percepção mais aguda sem deixar de dominar a vida que passa. Que tempo é esse que nos mantém ativos para vencê-lo e por ele não sermos derrotados? Queremos saber o que é o tempo, como se o decifrando pudéssemos mudá-lo ao nosso gosto.

Presente no mundo

Desculpas que nos damos quando adiamos nossos sonhos

Uma desculpa é a velha "eu não tenho tempo". Todas as pessoas do mundo têm a mesma quantidade de tempo – 24 horas por dia e 168 horas por semana. Precisamos aprender a gerenciar nosso tempo de vida o melhor possível, e para isso existe a organização. É justamente para pararmos algumas vezes ao longo do ano e pensar: "ok, aonde eu quero chegar? porque preciso me organizar para chegar até lá". É só isso. É simples, mas um trabalho que deve ser feito dedicado, ocasional mente, para que a gente não perca nossos objetivos de vista. Se a gente continuar dizendo que não tem tempo, nunca vai ter mesmo. Ninguém vai chegar até você e dizer: "senhor, você foi contemplado com 30 horas a mais todos os dias para trabalhar em seus sonhos". Portanto, precisamos aprender a fazer bom uso do tempo que todos nós temos (GODINHO, 2014).

Estamos capturados pelo tempo que se esvai rapidamente. Passa o tempo e passamos nós e isso não nos conforta tal é o apego à vida. Por que acontece dessa forma? Garanto que você algum dia já teve pressa para algo a fazer, atender a um compromisso ou chegar a uma consulta agendada. É a angústia do tempo que de nós toma conta.

Afinal, o que é o tempo? "Se ninguém me pergunta, eu sei, se quero explicá-lo, não sei", expressava Santo Agostinho à sua indagação sobre essa incógnita: o tempo. Quando nos detemos numa vida que finda, ele se torna enigmático.

Gerações e gerações de filósofos e físicos debruçaram-se sobre a questão do tempo tentando conferir-lhe uma natureza absoluta ou associando-o à realidade do observador. E o tempo, fugidio, não se deixa conceituar nem por sua duração, nem por sua regularidade, nem por sua passagem. Apenas existe, é o tempo.

Teste sua habilidade de percepção do tempo

- O passar do tempo causa estranhamento a você? Como é essa sensação?
- Que percepção do tempo você tem?

Real ou imaginário, o tempo é um conceito de suma importância para o desenvolvimento da humanidade. Povos, os mais longínquos, tiraram proveito do tempo para produzir sua cultura, sua marca na história até hoje. A civilização suméria foi uma das primeiras do mundo e existiu há cerca de 5 mil anos, segundo historiadores modernos, na região histórica da Mesopotâmia, atual sul do Iraque, durante as Idades da Pedra e do Bronze. Seus habitantes drenaram pântanos para a agricultura, desenvolveram o comércio, estabeleceram manufaturas, como a tecelagem, a metalurgia, a alvenaria, a cerâmica, o trabalho em couro, controlando o tempo dessas produções.

A importância do tempo molda a forma como a sociedade se organiza para produzir a subsistência e, por decorrência, a riqueza. Há 200 anos, no auge da Revolução Industrial, Benjamin Franklin cunhou a expressão "Tempo é dinheiro", reunindo duas fortes entidades, abstrata e concreta, que movem o mundo. O tempo não pode ser detido ou aprisionado, mas por vezes é ele que nos aprisiona, se não soubermos valorizar o tempo que temos disponível.

O tempo nos intriga e nos faz pensar. Se observamos as coisas objetivas que nos cercam, sabemos o que é o tempo, podemos até medir o seu fluxo. A invenção do relógio mostra isso, mas essa medição convencionada não capta o tempo. Cientistas tornam precisos os instrumentos para medi-lo, enquanto o tempo expressa o próprio transcurso de uma existência.

Atenção curiosa

Medir o tempo

Por que se mede o tempo e sua posição levando em conta o Meridiano de Greenwich, uma linha imaginária que passa às margens do Rio Tâmisa no sudeste de Londres? Os relógios já existiam na Inglaterra desde 1283, mas era preciso a invenção de um apropriado para as viagens marítimas. Com a Revolução Francesa e depois a Primeira Grande Guerra, os países da Europa Ocidental e a América passaram de sociedades agrícolas a potências industriais e os avanços tecnológicos levaram à produção em massa, reorganização política de territórios, expansão de mercados, mudança de pensamento, inclusive a ideia de tempo e história.

James Cook usou um relógio programado de acordo com Greenwich, em sua viagem de exploração ao Pacífico, e quando desembarcou, em 1775, o erro era de menos de 8 milhas na longitude por ele calculada. O relógio HMS Beagle ficou famoso também em 1831, porque Charles Darwin o levou na viagem ao redor do mundo, resultando daí sua teoria da evolução e a obra *A origem das espécies*. O horário de Greenwich foi ratificado na Convenção de Washington, em 1884, inaugurando o conceito de tempo global, impensável cem anos antes. O relógio HMS Beagle foi um grande passo para mapear e controlar o mundo. Todas as atividades passaram a ser regidas pelo relógio, no trabalho, nas escolas, nos horários das ferrovias: a Great Western Railway já o fazia em 1840, adotando o GMT (Greenwich Mean Time). A bordo do Beagle, Darwin trouxe a conhecimento as origens da própria vida e confirmou aos geólogos que a terra era mais antiga do que pensavam (MacGREGOR, 2013, p. 652-657; síntese).

Como um fenômeno físico, do tempo temos apenas uma percepção empírica, quando na verdade tempo e espaço estão unidos em termos de evolução, como explica o significado de tempo profundo o biólogo Steve Jones (apud MacGREGOR, 2013, p. 657):

> A noção de tempo profundo fez as pessoas compreenderem que a Terra não estava estagnada. A maior transformação desde o Iluminismo foi a mudança na nossa atitude em relação ao tempo, o sentimento de que o tempo é realmente infinito, tanto o que já passou como o que está por vir. É importante relembrar que o cume do Everest há não muito tempo estava no fundo do oceano e que alguns dos melhores fósseis de baleias foram encontrados em grandes altitudes na região do Himalaia.

Os indivíduos não têm uma experiência homogênea do tempo. Essa depende pessoal e socialmente do modo como vivem e, especialmente, da sociedade onde estão inseridos. Na verdade, a sociedade concebe o tempo e o concede "normatizado" aos indivíduos, ou seja, com normas e programas da vida social. Somos indivíduos e sociedade a um só tempo.

Não basta a aproximação de indivíduos num espaço e tempo definidos para constituir a sociedade. São processos de sociabilidade e interação, de discordâncias e interesses comuns, de diferenças e semelhanças, que reúnem os indivíduos numa teia de relações sociais, voluntárias e contratuais, como se existisse uma ordem oculta não perceptível pelos sentidos. Desse modo, a relação entre o indivíduo e as estruturas sociais deve ser entendida como um processo de interdependência.

As estruturas sociais e o indivíduo, ou seja, o sistema social e o ego são aspectos diferentes, mas inseparáveis. Você já se imaginou ser um habitante de um país culturalmente diferente? Se assim fosse, seria outra pessoa. Você provavelmente falaria outra língua, teria outros costumes, apreciaria outros alimentos, iria a outros lugares e teria amizade com pessoas diferentes das que você conhece. Você faria parte de um outro contexto social e cultural. Nem melhor, nem pior do que o seu contexto atual, apenas seria diferente.

> **O que eles têm a dizer**
>
> *Sociedade*
>
> Só quando a vitalidade desses conteúdos [de vida] adquire a forma de interação, só quando há efeitos recíprocos – imediatos ou mediatos –, a mera coexistência dos homens no espaço ou, também, a sua sucessão no tempo se tornou sociedade (SIMMEL, 1987, p. 59). Embora a sociedade, as relações entre as pessoas, tenha uma estrutura e regularidade de tipo especial, que não podem ser compreendidas em termos de indivíduo isolado, ela não possui um corpo, uma "substância" externa aos indivíduos. [...] cada pessoa só pode dizer "eu" se e porque pode, ao mesmo tempo, dizer "nós". Até mesmo a ideia "eu sou", e mais ainda a ideia "eu penso", pressupõe a existência de outras pessoas e um convívio com elas – em suma, um grupo, uma sociedade (ELIAS, 1994, p. 57).

Finda uma vida individual, a realidade social perdura, mas ambas se unem por natureza: "Cada sociedade tem sua maneira própria de viver o tempo [...], de fazer tempo e de o fazer ser o que significa. Esta é uma maneira de se fazer ser como sociedade" (CASTORIADIS, 1982, p. 243). Pela regência do tempo, indivíduo e sociedade situam-se em um mesmo plano. Não há contradição em sustentar que o tempo é socialmente definido e, também, expressão da subjetividade. Fica superada, nesse sentido, a dicotomia entre a objetividade da realidade criada e a subjetividade dos homens que a concebem. Afinal, essa estrutura também expressa uma concepção de tempo que permite desenvolver a consciência da existência humana finita.

Aceito como padrão de comportamento social, temos o tempo do fazer social. Expresso pela esfera do trabalho, por exemplo, esse tempo se apresenta diferenciado, aproximando-se do que os gregos chamam de *Kairós,* o instante propício, a ocasião para decisão, o agir. O tempo é aquilo em que existe e *Kairós* refere-se ao deus do tempo oportuno, à transição momentânea em que não há muito tempo. Essa percepção grega do acontecimento casuístico, do acidente, da ruptura com qualquer sequência e previsão, ultrapassa aquela que vê no tempo a soma interminável de "presentes" pontuais, regulares, todos idênticos.

Na percepção comum do tempo, muitos têm a impressão de que é o próprio tempo que passa quando, na realidade, o sentimento de passagem refere-se ao curso de sua própria vida e, também possivelmente, às transformações da natureza e da sociedade, alerta o sociólogo Norbert Elias.

O enredamento da vida prova que há um tempo no tempo. Tão especiais são esses tempos, que fazem acontecer e, às vezes, nos deixam pensando até com saudades:

> Tempo do que vai e não volta – o dia de ontem, a festa de formatura, a proteção dos pais, o primeiro beijo – deixa um gostinho de quero mais.
> Tempo só meu e de mais ninguém – os cuidados com a saúde, o encontro com os amigos, o concurso programado – guarda no peito um sentimento de ser alguém.
> Tempo do que vai chegar – a primavera, o bebê, o Natal, as férias – gera em nós expectativas sérias.
> Tempo daquilo que é, nem de outro jeito pode ser – o cansaço, a perna quebrada, o acidente na estrada, a dívida pendurada – nos incita a não esmorecer.

Tempo do amanhecer – o dia pela frente, o café para despertar, a rotina retomada, o caminho do trabalho – socorro, quanta coisa para fazer!

Tempo de desencontros e turbulência – a discussão na família, a tensão no trabalho, a nota baixa no colégio, a perda do emprego – pede muita paciência.

Tempo da hora marcada – o compromisso assumido, o tempo de colégio, a jornada de trabalho, a reunião agendada – faz do relógio um inimigo.

Tempo da luz do dia – o sol que chega, a ida para a escola, o almoço em casa, o horário do comércio – favorece a vital energia.

Tempo do que sentimos – a decepção com alguém, a alegria nas aprovações, o medo de um diagnóstico, encontrar quem gostamos – são os altos e baixos das emoções.

Tempo de aprendizado a duras penas – o insucesso de uma experiência, de novo estudar, aplicar a teoria, o cair e o levantar, o fim de um relacionamento – mostra quão importante é recomeçar.

Tempo de feriados – os dias sem trabalho, a viagem prometida, o descanso merecido, a rodada de chopp – acalma a vida agitada.

Tempo dos nãos – a festa acabou, a lei não permite, o prazo expirou, não há mais vagas, proibido passar – traz um jeito de aceitar.

Tempo do que se perdeu – não acreditar na verdade, o aperto pela notícia, a despedida difícil – o que passou deixou saudades.

Tempo da noite que se inicia – o *happy hour* com os colegas, o descanso merecido, as tarefas de casa, a novela, o papo, o sofá, a leitura, o sono – é um brinde para comemorar o dia.

Tempo de eventos misteriosos – o sonho esquisito, os passos escondidos, o barulho lá fora, o segredo não revelado, coisas em que não quero crer – nos faz curiosos (Silvia Maria de Araújo).

No senso comum, o tempo, essa experiência do mundo físico, é vista em termos de passado, presente e futuro. Até na Gramática o tempo é percebido assim, mas o momento presente é associado à realidade no aqui e agora. Pensamos o passado como se tivesse escapado da nossa existência, enquanto para nós o futuro é nebuloso, ainda por vir. O agora sendo vivido nos foge e já se tornou passado num piscar de olhos.

O filósofo Henri Bergson deu atenção à questão do tempo e captou a elasticidade que os homens conferem a ele. Assim, a percepção do tempo é reforçada pelo presente e esse ganha destaque no sentido da ação, como um todo indiviso na vida humana capaz de conter o passado e o futuro ao mesmo tempo. Na atualidade, o presente ganha primazia aos olhos da modernidade em que vivemos.

Nem sempre se teve essa percepção do tempo, uma vez que a consciência temporal, não é um dado biológico, nem metafísico, como analisa o sociólogo Norbert Elias, ou seja, é um modo próprio de conceber e vivenciar o tempo, é uma dimensão social que se altera conforme as gerações se sucedem. Hábitos se formam, mudam, se diversificam e são diferentes nas diferentes condições de desenvolvimento das sociedades. São *habitus,* na Sociologia, algo que acontece em séculos de uma forma quase imperceptível.

Se nas sociedades primitivas a concepção de tempo era cíclica, cadenciada pela natureza e o ritmo da produção, nas sociedades do Ocidente, o tempo ganha uma linearidade capaz de romper com a ideia anterior e concebe passado e futuro separados do tempo presente.

Fruto da Modernidade, desde o século XVII até o século XX, prevaleceu a ideologia do progresso, aquela de que o futuro, um tempo aberto, será sempre melhor do que foi o passado. O futuro parecia mais moldável, um espaço de experimentação à disposição do indivíduo, fonte primeira de identidade e organizador de biografia. No entanto, após a Segunda Guerra Mundial, a incerteza posta no futuro traz um vislumbre de temor e põe por terra a lógica do progresso associada à ideia de controle.

Nesta Era Moderna contemporânea, quando prevalece a intensificação da globalização e dos mercados mundiais, o pluralismo dos valores e das autoridades, o individualismo nas instituições, a cultura resultante das diferenças locais e globais misturadas, delineiam-se riscos de toda a natureza, não só ambientais, também os morais. A esse fenômeno perceptível na vida cotidiana é que o sociólogo Ulrich Beck denomina sociedade de risco.

Nessa perspectiva, a percepção de futuro fica indeterminada, mais distante, incerta. Daí, ser imprescindível um projeto que vá conduzindo a vida no sentido de torná-la mais confiável em direção ao que virá e delinear o que queremos. Por nos depararmos com a incerteza do futuro é que um Projeto de Vida se faz necessário.

Atenta às novas formas de temporalização, a socióloga Carmen Leccardi (2005) recupera o conceito de presente estendido da professora austríaca Helga Nowotny propondo ser o presente mais próximo – nem fora do domínio humano e social, nem impeditivo de alguma forma de projeção, –, o novo tempo da ação.

No enfrentamento do futuro sem ideia de longa duração, de trajetória única e duradoura, se faz premente a relação entre projeto, tempo biográfico e identidade. É nesta junção do quem sou, minha vida e meu projeto que a decisões devem ser tomadas. De tempos em tempos cabe rever as exigências e os sonhos ligados às situações e ao contexto sócio-histórico.

A trajetória de uma vida, de um povo, de uma classe, de um grupo, de um pertencimento étnico, com pontos de chegada mais indefinidos na atualidade, depende da capacidade individualizada de cada um construir e reconstruir molduras de sentido, narrativas com significado para si e sua cultura sob um tempo presente hipervalorizado. O sentido da trajetória é o do caminhar proposto pelo poeta Guimarães Rosa – "O real não está na saída nem na chegada: ele se põe para a gente é no meio da travessia".

Para nos habilitar a essa travessia, o filósofo Edgar Morin recomenda a educação, como um educar-se capaz de lidar com a incerteza como uma das conquistas da consciência moderna avançada. Há que adequar nossa lógica de vida à integração entre as partes do real e de toda realidade, ao conflito e às resistências, às dúvidas e às imprecisões. A leitura do futuro se traduz na multiplicação das possibilidades, em agarrar o presente para não se deixar levar pela velocidade imposta pelos ritmos sociais. Enfim, ação no tempo contra o tempo, um viver consciente de avaliar a cada vez e renovar-se no Projeto de Vida.

Descoberta de si mesmo

- Alguma vez você se sentiu dominando o tempo, dando conta dos afazeres como se tudo estivesse sob seu total controle? Como foi essa sensação?
- Já experimentou o oposto: ter muitas atividades e pouco tempo para executá-las?

O tempo vivido nos parece como algo que persiste, assim, algo contemporâneo seria uma percepção do passado imediato e uma determinação do futuro imediato, uma sensação que o movimento-ação se encarregaria de prolongar. O que é, então, o contemporâneo? O tempo contemporâneo nos coloca numa relação tão insólita com o nosso dia a dia de experiências, que torna difícil avaliar enquanto acontece. Simplesmente está acontecendo o curso da vida.

Sentimos o tempo fluindo no mais profundo do nosso ser. A passagem do tempo tem sido comparada ao voo de uma flecha e à correnteza de um rio, que nos levam do passado ao futuro. A passagem do tempo é a percepção humana mais fundamental e pede um Projeto de Vida para marcá-la, senti-la, adotá-la, experimentá-la. Num projeto traçam-se estratégias para enfrentar as mudanças, essa constante dos novos tempos.

> **Em cartaz**
> • Assista ao filme *Boyhood: da infância à juventude*, 2014. Direção de Richard Linklater. Estados Unidos.
> São doze anos da vida de um garoto e suas percepções da passagem do tempo.

O rio da vida flui continuamente. Breve ou longo, o único tempo que nos pertence é realmente o presente. Temos apenas o dia de hoje para agir no sentido de sermos pessoas melhores. A vida ganha sentido quando são valorizadas atitudes pautadas no bem, para o bem e pelo bem. Faça sua experiência, escolha viver conscientemente. Fazer experiência é reconhecer os limites dentro dos quais ainda há possibilidade de futuro para as expectativas e os planos, recomenda o filósofo Hans-Georg Gadamer. Cabe, então, levar a sério o Projeto de Vida.

Aprendamos a lidar com o tempo e seus subterfúgios nos aplicando num projeto de construção da vida. Esse acompanhamento atencioso e consciente é a nossa biografia, o tempo de uma vida de serenidade e agitação, ora como um rio deslizando na planície, ora seguindo em correnteza.

Jogo rápido

A percepção pessoal do tempo é uma forma de sociabilidade em que nos inserimos no mundo com uma consciência vigilante, sem perder a valorização de tempos especiais na vida. Preste atenção ao uso do seu tempo, não o desperdice; ele é a sua vida.

Em cartaz

• Assista ao filme *A teoria de tudo*, 2014. Direção de James Marsh. Reino Unido.

Baseado na biografia do astrofísico Stephen Hawking, que fez descobertas sobre o tempo e sofreu doença motora degenerativa.

Não perca esta dica

• Leia o livro de Eckhart Tolle: *Praticando o poder do agora*. Rio de Janeiro: Sextante.

Viver o tempo presente é o ensinamento de uma nova maneira de pensar, esperar, afastar o medo e a preocupação com o passado e o futuro.

PARE E PENSE

Caro leitor, a percepção do tempo circunscrita mais ao presente com vistas a um futuro menos determinado não apaga a ideia de termos um projeto, embora projetos não devam brincar com futuros virtuais. Cabe, sim, autenticar um Projeto de Vida com base na sua inserção no mundo, ainda que numa perspectiva temporal mais incerta. Justamente por isso, some o projeto individual ao coletivo; esse "estar no mundo" do seu tempo ainda se apresenta como o melhor recurso para alcançar o futuro sem temor. Pense nele, o que você espera conquistar, realizar, viver.

2
Planos de Formação
A esfera pessoal

Dimensão física da vida
Percepção do intelecto
Cultive as emoções

2
Planos de Formação
A esfera pessoal

Planos de Formação referem-se ao desenvolvimento da pessoa e, por isso, estão atrelados às dimensões física, intelectual e emocional da vida e procuram responder à questão:
- Sou o que penso que sou?

Como a saúde é um equilíbrio de diversas condições psicofísicas e ambientais, ela deve ser buscada pela alimentação adequada, a adoção de hábitos e cuidados cotidianos saudáveis, a participação consciente nos problemas do entorno, por exemplo.

A dimensão mental e intelectual é alimentada pelo conhecimento dos fenômenos do mundo, mas está assentada sobre o autoconhecimento. Conhecendo-se a si mesmo o ser humano desenvolve suas potencialidades e relaciona-se melhor com os outros, por mais paradoxal que possa parecer.

Temos também uma vida emocional, na qual precisamos aprender a perceber, identificar, comunicar e controlar os sentimentos e emoções. Nosso passado individual e coletivo se acumula para dar novo significado à experiência. Dotados de uma inteligência emocional nos habilitamos a ser resilientes e exercitarmos a empatia.

Um Projeto de Vida só é completo se inclui cuidados com a formação da pessoa, o que significa valorizar e saber controlar o que trazemos de herança física, biológica e psíquica. Há um tempo de juventude, pleno de transformações biológicas, cognitivas e psicossociais, mas o cuidado com a saúde física e mental deve ser uma constante em todas as fases da vida.

2.1 A dimensão física da vida e o tempo pessoal

A dimensão físico-corporal é muito importante e pede atenção específica em todas as fases da vida por estarmos sujeitos a transformações biológicas intensas e a alterações cognitivas e psicossociais marcantes, como na adolescência. Ela dura cerca de uma década, mas parece uma eternidade para quem está ansioso para chegar à chamada maioridade, tão variável de cultura para cultura e, legalmente, de país para país.

Jovens sentem mais as mudanças a que estão sujeitos, a começar pela mudança física que as transformações biológicas provocam. Isso os faz centrados em si mesmos, pois precisam se adaptar ao corpo e à sua forma que se modificam. O surto do crescimento físico e psíquico, o despertar para a sexualidade e as novas maneiras de pensar são um grande esforço para o ser humano ganhar autonomia e independência ao mesmo tempo e, em muitas culturas, há rituais de passagem bem demarcados para a entrada do jovem no mundo adulto.

Se a adolescência e a juventude são períodos de intensa transição biológica, cognitiva e psicossocial, as fases da vida adulta não são menos importantes nem requerem menos cuidados. As muitas transformações físicas e psicofísicas na juventude levam a autoquestionamentos como esse de Holden Coulfield, personagem do livro *O apanhador no campo de centeio*, de Jerome David Salinger (1951, p. 16):

Eu sacudi a cabeça. Eu sacudo pacas a cabeça. "Rapaz!", eu falei. "Rapaz!" também é uma coisa que eu digo pacas. Um pouco porque eu tenho uma porcaria de um vocabulário e um pouco porque às vezes eu não me comporto como quem tem a minha idade. Eu nessa época, estava com dezesseis, agora estou com dezessete, e às vezes eu me comporto como se tivesse uns treze. É bem irônico, porque eu tenho um metro e oitenta e nove e o meu cabelo é grisalho. Grisalho mesmo. Um lado da minha cabeça – o direito – é cheio de milhões de cabelinhos grisalhos. Isso desde que eu era menino. E mesmo assim eu ainda me comporto às vezes como se tivesse uns 12 anos de idade. Todo mundo fala isso, especialmente o meu pai. E um pouco é verdade, também, mas não é tudo verdade. O pessoal sempre pensa que uma coisa é tudo verdade. Estou pouco me lixando, mas de vez em quando eu fico de saco cheio das pessoas me dizerem pra deixar de ser criança. Às vezes eu me comporto como se fosse bem mais velho do que sou – verdade mesmo –, mas aí ninguém percebe. O pessoal nunca percebe coisíssima nenhuma.

Temos expectativas relativas à própria vida. De onde saem o impulso, a intensidade, o prazer, a rotina, a astúcia que tantos demonstram em construir a própria vida? Dos homens mesmos e da sua vontade, responde o sociólogo Ulrich Beck. No indivíduo reside a força para assumir sua vida. A ação humana é parte essencial do dia a dia, que integra a subjetividade do indivíduo, produzindo e condensando forte carga emocional do ser em realização. Nele, o homem vive por inteiro sua individualidade e personalidade até seu comprometimento com outros e instituições sociais.

O cotidiano imprime com intensidade, genérica e especificamente, os acontecimentos e exigências da sobrevivência material e simbólica. Esses acontecimentos agradáveis ou problemáticos são como registros que o indivíduo leva consigo e os expressa, de forma direta ou indireta, em todos os espaços que circula e os dissemina nos relacionamentos sociais.

O tempo de vida e de transformações variadas se mostra e se oculta à apreensão humana. Quando se olha no espelho, o tempo já passou e suas marcas são visíveis, além de outras menos aparentes. Nesse sentido, a lógica da temporalidade parece deixar escapar o que se encontra no próprio núcleo da experiência. Essa, nada mais é do que a duração vivida com a passagem do tempo.

Uma vida em curso é algo muito simples e comum a todos os seres e, no entanto, é de uma magnitude incompreensível. A vida é apenas a de cada um. A maneira pela qual o tempo se inscreve na realidade humana se pode chamar temporalidade. Viver é a própria experiência da temporalidade.

A vida exige a capacidade de recriar-se, reinventar-se a cada situação. O sociólogo Alfred Schutz afirma que a vida flui se há uma compreensão subjetiva do que acontece, ou seja, se temos percepção do que se passa conosco e à nossa volta. Essa sensibilidade perceptiva inclui compreender a incompletude da vida, sua transitoriedade, o finito existir e o cuidado com a manutenção da vitalidade.

Construímos relações com o nosso corpo na sociedade em que vivemos. Essas relações mudam conforme os padrões estéticos vigentes e os grupos em que estamos inseridos. Valorações sociais, o avanço da Medicina, a concepção do que seja saudável buscam referência no físico.

O bem-estar e a aparência são muito considerados em nossa civilização. O estilo de vida atual marcado pela tecnologia – computadores, televisões, automóveis, *smartphones*, eletrodomésticos, equipamentos de trabalho eletrônicos e digitais, que trazem conforto e rapidez de resultados, – pode levar a uma vida sedentária e a natureza desgastada volta-se contra o corpo.

A sensação de velocidade do tempo é uma das características da experiência de vida intensa, que provocam estresse, depressão, *burnout*, ansiedade, síndromes cada vez mais disseminadas e de difícil solução. Uma situação perceptível é a obsessão da falta de tempo, pois as ações nos parecem estar mais aceleradas. Isso nos alerta a aprendermos a lidar com o estresse, convencendo-nos de que tem de ser realmente menos veloz, menos compromissos, menos respostas para tudo resolver.

Teste sua habilidade de lidar com o estresse

O que você faria se... (Não tivesse o dinheiro do aluguel? Ou se perdesse uma prova? Ou se tivesse que faltar a uma entrevista? Ou se o ônibus/metrô/automóvel quebrasse à noite voltando para casa? Ou se fosse despedido do seu emprego? E outras tantas situações estressantes no dia a dia.)

Sentimo-nos ameaçados pela pressão do tempo em nossas atividades. O ritmo acelerado nos faz estressados, seja por ansiedade em obter bens e facilidades que a sociedade oferece, temores de situações futuras ou males diversos. Pensando nas ameaças a que estamos sujeitos no contexto contemporâneo, precisamos nos conhecer melhor para aprender a lidar com o estresse e a buscar equilíbrio entre as dimensões da vida. Nosso objetivo será ativar a capacidade de autopercepção e sensibilidade para com o corpo e a mente.

Atenção curiosa

Habitantes de todos os tempos e lugares sempre estiveram expostos a formas de estresses e procuraram driblar seus efeitos. A história de uma múmia de mais de 5 mil anos conta-nos muito sobre ameaças próprias de sua época, por exemplo. Em 1991, nas montanhas nevadas dos Alpes da Itália, quase divisa com a Áustria, foi encontrado o cadáver bem conservado de um homem de aproximadamente 50 anos de idade. Ele foi apelidado de Ötzi, o homem que veio do gelo e está exposto no Museu Arqueológico do Alto Adige, em Bolzano, na região Trentino-Alto Adige.

A notável descoberta mobilizou cientistas de diversos ramos e especialidades. Chamou a atenção o conjunto de objetos de que dispunha o homem, além de suas vestimentas, capazes de provocar uma reconstituição da sua condição social e núcleo de origem. No entanto, as marcas de ferimento em seu corpo, não só de tatuagens simbólicas, também falavam sobre o achado arqueológico.

Exames de DNA, ressonâncias magnéticas, radiografias, endoscopias mostraram com detalhes científicos a situação de estresse a que havia sido submetido Ötzi. As hipóteses suspeitam de ele ter sido perseguido por algum animal ou por inimigos, de ter sofrido violência física e ter morrido de exaustão a mais de 3 mil metros de altitude. O avanço da ciência permitiu ler as provas registradas, externa e interiormente, nessa múmia.

PARE E PENSE

- De que modo hoje, em diferentes sociedades, indivíduos e população também estão sujeitos a possíveis ameaças à sua integridade física e psíquica, causadoras de estresse?

Apenas para citar um exemplo, quando houve o rompimento de barragens com resíduos minerais tóxicos, no Estado de Minas Gerais, nas cidades de Mariana (2015) e Brumadinho (2019), com centenas de mortos: pessoas, peixes, pássaros e outros animais. Foi um desastre ecológico provocado, que afetou a população da região, a fauna e a flora (vegetação nativa e plantações), com terras e águas contaminadas.

É bom lembrar que a saúde resulta de um estado de bem-estar físico e mental e é esse conjunto de condições vitais em equilíbrio (e isso é importante), que garante a realização pessoal. Há sabedoria na frase latina *Non vivere sed valere evita est*, ou seja, *A vida não consiste em viver, mas em ter saúde.* Cuidar da saúde é importante. Excessos ou carências nutricionais, por exemplo, podem desequilibrar o estado de saúde física e mental. Saúde e qualidade de vida passam a ser fatores de preocupação social na atualidade.

Os meios de comunicação divulgam pesquisas nutricionais nem sempre aceitas pela comunidade científica. Apesar de tanta controvérsia, algumas recomendações para uma alimentação saudável são conhecidas por todos: evitar frituras, caprichar nas fibras, beber mais água, evitar os "inimigos brancos refinados" (sal, açúcar e trigo), comer mais vegetais, evitar bebidas alcóolicas.

PARE E PENSE

Vale a lembrança dos hábitos culturais em matéria de alimentos:
- Não é uma delícia um prato de feijão com arroz? Você o substituiria?
- Qual é o prato típico da sua região? Você sabe qual é a sua origem?

Os bons hábitos alimentares levam a algumas mudanças que pesam na balança: menos *fastfood*, menos refrigerantes, menos batatas fritas, menos bolachas e biscoitos, menos dietas malucas. Opa! Aqui mora o perigo das dietas sem quaisquer controles, só porque se quer emagrecer ou ter um corpo sarado com barriga "tanquinho", sem orientação de especialistas da área médica.

Dietas restritivas para emagrecimento ou hipercalóricas para ganho de massa muscular precisam ser orientados por profissionais da área. Evitam-se, assim, problemas imediatos ou futuros, como anemia, bulimia, anorexia, obesidade, fraqueza, desânimo, que a falta ou a ingestão compulsiva e desordenada de alimentos pode trazer em qualquer idade, desequilibrando a própria saúde.

O que eles têm a dizer

A transformação

Tive muita dificuldade para modificar meu modo de vida. Não foi fácil e demorou. Mas a transformação na minha saúde valeu a pena. [...] Aposto que você nem faz ideia de quanto pode sentir-se muito bem, quanta energia vai adquirir, quanto seu raciocínio pode tornar-se agudo, quanta felicidade você pode irradiar enquanto não tomar providências. É quase como se você nunca tivesse feito exame de vista: não faz ideia de

> como pode enxergar bem. Se você não se desafiar no tocante à saúde e oferecer ao corpo uma boa alimentação, não fará ideia de como pode sentir-se bem. [...] Se come alimentos energéticos, vibrantes, com muitas frutas e hortaliças frescas, você ficará cheio de força e vitalidade. É assim que funciona. Bem simples (McKEITH, 2005, p. 63).

A maioria das pessoas sabe dos males, não apenas físicos, que as drogas, lícitas ou ilícitas, podem provocar e o risco do seu uso contínuo, por isso vale reforçar: elas causam dependência química. Não há motivos de ordem emocional, financeira, social que justifiquem sofrer e fazer sofrer toda a família, os amigos, enfim, aqueles que se importam com você.

Corpo e espírito estão unidos e se não se consegue controlar o corpo, o organismo, não se controla o espírito, dizem grandes mestres do Karatê-Do, como Tetsuji Murakami, mestre de arte marcial. Nossa força moral nasce da junção corpo/espírito, verdadeiro duelo travado dentro de cada um. Veja como as esferas da vida andam juntas. Por excessos ou carências de nutrientes, fases estressantes da vida, qualquer instabilidade corpo/espírito prejudica a saúde.

Nem por curiosidade (pois já sabe o que é), nem por influências de terceiros (você é que comanda a sua vida), nem por situações familiares adversas (incompreensão, dificuldades), em hipótese alguma se deixe influenciar. Droga é uma droga e você não vai querer cair nessa roubada. A expressão *Mens sana in corpore sano* continua atual. O poeta romano Juvenal continua com razão: "uma mente sã num corpo sadio" é tudo de bom. Toda fase da vida precisa de movimentos, alongamentos corporais, atividades físicas orientadas. Exercícios físicos regulares combatem eficientemente o sedentarismo.

A maioria de nós passa muito tempo sentada para estudar ou trabalhar de olho na tela do computador, digitando boa parte do dia. Socorro! Vamos achar tempo para mexer o corpo, fortalecer os músculos. Assim evitaremos dores, má postura, dentre outros males à saúde.

O atual ritmo de vida nos faz escravos do relógio, assoberbados de obrigações. Assumimos compromissos em excesso iludidos de que as novas tecnologias nos aliviarão do trabalho e do estudo, tornando-nos mais ágeis e eficientes. Muitas vezes damos conta das atividades no nosso limite (estudamos de madrugada para a prova da manhã seguinte ou entregamos um trabalho no último dia de prazo), mas viver não pode implicar alto custo para a nossa saúde. Precisamos aprender a lidar com o tempo de cada coisa, pois o "excesso" e o "*déficit*" de tempo são ilusórios.

Descoberta de si mesmo

- Sei reconhecer o que está acontecendo de bom para mim hoje?
- O que está funcionando? O que é saudável?
- Sou grato(a) pelo que há de positivo na minha vida?

Pelo avanço das ciências – da Medicina, em particular –, da melhoria das condições de vida das populações, a busca pela qualidade passou a ser importante. Qualidade de vida diz respeito ao bem-estar, saúde física e mental, educação, trabalho, relacionamentos, equilíbrio emocional, moradia e, sobretudo, ao acesso a essas condições. Logo, as desigualdades sociais afetam a vida e remetem à forma como a riqueza é produzida, apropriada e socialmente repartida.

Prolongar a vida e dar-lhe qualidade não se faz apenas mediante medicamentos. Há uma composição de esforços e ações como, por exemplo, tratamentos de saúde, alimentação saudável, exercícios físicos, reforçada por um melhor entendimento psíquico, mental e espiritual sobre o viver e o amadurecer. Afinal, somos corpo e espírito. A qualidade de vida depende de importantes questões, tais como os hábitos alimentares, o gerenciamento do estresse, o valor dado às diferentes fases da vida, a queda na taxa de mortalidade infantil e, também, a posição que a sociedade reserva àqueles que avançam na idade em sua própria cultura.

Não perca esta dica

- Leia o livro de Pierre Weil: *O corpo fala: a linguagem silenciosa da comunicação não verbal*. Petrópolis: Vozes. Análise da linguagem do corpo humano a partir dos princípios que o regem.

O cuidado com a saúde física e mental significa manter bons hábitos de vida. Um deles é garantir as horas de sono necessárias para refazer o organismo, evitando abusos que o desgastam e sacrificam. Se conservamos constantes as condições satisfatórias de vida permitimos que os diversos sistemas se mobilizem, como o sistema nervoso central, o endócrino, o excretor, o circulatório, o respiratório. A esse fenômeno dá-se o nome de homeostase (do grego *homoios* = "o mesmo" e *stasis* = "parada"), que significa a capacidade de o organismo apresentar situação físico-química característica e constante, dentro de determinados limites e em face de alterações impostas pelo meio ambiente.

Em resumo, homeostase significa equilíbrio físico, mas o ser humano não dispensa as tensões para chegar ao equilíbrio físico e mental. Não vivemos um estado latente de equilíbrio, nós o obtemos graças a uma "noodinâmica", na expressão do psicólogo Viktor Frankl. Ou seja, o equilíbrio resulta do movimento constante do organismo e da mente num campo polarizado de tensão: de um lado, um sentido a ser realizado, e de outro, a própria pessoa que deve realizá-lo. Essa dinâmica existencial prova não haver separação entre corpo e mente, matéria e espírito, organismo físico e psíquico.

Vivência

Caro leitor, para recuperar o equilíbrio, respire fundo, oxigenando as células do seu organismo. Repita esse exercício muitas vezes ao dia. Respirar, correta e conscientemente, é salutar e nos mantém mais calmos em meio ao estresse do dia a dia. Existem duas formas de colocar ar nos pulmões: a respiração torácica (no estilo barriga para dentro, peito para fora), limitando a inspiração até o músculo diafragma; e a respiração abdominal, que leva o ar até o abdômen, como se estivesse enchendo um balão. A segunda é mais profunda e propicia os benefícios de relaxar o corpo e acalmar as emoções.

Em cartaz

• Assista ao filme *O começo da vida*, 2016. Direção de Estella Renner. Brasil.

A neurociência mostra que os primeiros anos de uma criança são mais do que carga genética e a vida merece ser valorizada com um projeto a ser realizado.

Jogo rápido

Corpo e espírito formam uma unidade, o que leva a compreender nossa corporeidade. Sem excessos nem exageros na alimentação, nas atividades esportivas, no trabalho, você aprende a lidar com o estresse. Nesta dimensão impera o cuidar-se, buscando a tão almejada qualidade de vida com a sabedoria do equilíbrio. Não esqueça de responder sempre para si mesmo: O que é a minha saúde?

Planos de Formação no Projeto de Vida			
Minha vida física	**Ações estratégicas a que me proponho**		
	Manter	Melhorar	Mudar
Cuidados com a minha saúde			
Exercícios físicos			
Alimentação saudável			
Prática de esportes			
Check-ups regulares			
Controle do estresse			
Controle do peso			

Data:

Como está a minha situação pessoal hoje?

O que eu posso fazer nesse caso?

Prazo para alcançar resultados animadores:

2.2 A relação espaço-tempo e a percepção do intelecto

Cientistas acompanham as intensas mudanças sociais das últimas décadas e avaliam como elas impactam a inteligência humana. Descobriram o elevado grau de adaptação às circunstâncias de que o ser humano é dotado, além de se certificarem quanto esse está aquém para desenvolver todo o seu potencial cognitivo e de amplo espectro em interesses e capacidades.

O sociólogo Norbert Elias aponta que a operação individual de cognição numa pessoa adulta resulta do coletivo, por ser inseparável do saber que ela adquiriu junto a outras pessoas. Integra também o nível de desenvolvimento atingido pelo patrimônio de saber da sociedade.

O ser humano jovem já atingiu muitas dimensões da inteligência e pode explorá-las nas três formas fundamentais propostas pelo psicólogo Robert Sternberg, como a teoria triárquica da inteligência – analítica, criativa e prática.

A inteligência analítica consiste em processos mentais que favorecem a aprendizagem, a memorização e o raciocínio eficientes. Com eles, a pessoa consegue prestar atenção, planejar, processar informações, selecionar estratégias, além de habilidades verbais e lógicas. Os testes de múltipla escolha são resolvidos pela inteligência analítica.

A inteligência criativa implica a capacidade de sermos intelectualmente flexíveis em novas situações, achando soluções diferentes das usuais e maneiras diversas de realizar as tarefas. A inteligência prática envolve a capacidade de a pessoa adaptar seu comportamento às demandas contextuais, o que inclui o conhecimento das necessidades e expectativas dos envolvidos na situação e a consciência das habilidades necessárias para chegar a um resultado eficiente e satisfatório.

Os jovens das duas primeiras décadas do século XXI são a geração digital, não conhecem o mundo sem internet. Percebem como necessária a conexão constante com a tecnologia, por meio de *tablets* e *smartphones*. Ainda se iniciando no mundo do trabalho, trazem como característica o imediatismo, vivendo de acordo com a velocidade e diferentes possibilidades do mundo digital e virtual. Eles têm facilidade em se adaptar a novos conhecimentos e rotinas e dispõem da capacidade de interagir em grandes grupos virtuais nas redes sociais e de se identificarem com seus pares.

Presente no mundo

Numa tempestade de ideias, busque saídas para situações problemáticas na vida, como conquistar um(a) namorado(a), ou ajudar alguém envolvido com drogas, ou conseguir um trabalho, ou viver com o que recebe de aposentadoria, colocando-se no lugar da pessoa envolvida ou testando soluções para seus próprios problemas.

Em referência ao desenvolvimento cognitivo e à autoconsciência em expansão, são capacidades intelectuais das pessoas adultas: o pensamento operacional formal, o entendimento de contradições, o pensamento lógico e hipotético, que as capacita a avaliar as possibilidades de uma situação; também o raciocínio dialético e indutivo as leva a planejar estratégias e a projetar soluções. Estamos aptos para formular o Projeto de Vida.

Descoberta de si mesmo

Caro leitor, fazer experiência de si é reconhecer os limites e antever expectativas e planos, aprendendo a lidar com o futuro sem ansiedade. A verdadeira experiência é a da própria historicidade, da sua biografia, que ensina a reconhecer o que é real e reduz a margem de equívocos.

Para desenvolver as potencialidades e expressar nosso melhor é essencial buscar o autoconhecimento. Esse movimento para dentro é uma autêntica revolução dos sentimentos guardados, do conhecimento tido como definitivo. Precisamos ser exploradores do eu interior, das nossas aptidões, dos nossos valores, da nossa história de vida.

O autoconhecimento possibilita valorizar os talentos, usando-os a nosso favor, e a trabalhar aspectos da personalidade que precisam ser desenvolvidos. Por exemplo, se o trânsito congestionado é um fator de estresse para você, procure não dirigir nos horários de pico e, se inevitável, aproveite o tempo para ouvir suas músicas preferidas ou audiolivros. É uma boa estratégia para diminuir ou neutralizar a situação estressante.

Certamente toda experiência desapontará muitas expectativas, mas leva ao autoconhecimento e esse acontece pouco a pouco mediante a reflexão, dando espaço para que o espírito se aprofunde na própria realidade. Projeto de Vida se faz com autoconhecimento e habilita-nos a uma melhor convivência.

Teste sua habilidade de autoconhecimento

Caro leitor, em qualquer idade se pergunte:

• Em que etapa do processo de amadurecimento eu me encontro?

• Percebo que cresci como ser humano, desenvolvi novas potencialidades relativamente ao meu "eu" do passado?

O que eles têm a dizer

Nossa conduta para conosco

Assim como o trabalhador que ajuda a erguer um edifício não conhece o plano do conjunto ou não o tem presente, o mesmo também se dá com o homem enquanto consome cada dia e cada hora de sua existência, em relação ao conjunto e ao caráter de sua vida. Quanto mais esse caráter for digno, significativo, sistemático e individual, tanto mais necessário e benéfico para ele será, de tempos em tempos, dar uma olhada em seu esboço reduzido; isto é, no plano de sua vida. Decerto, para isso, é preciso que ele tenha dado um pequeno passo no conhece-te a ti mesmo; portanto, precisa saber, principalmente e acima de tudo, o que em verdade quer. [...] Precisa também reconhecer em geral qual é a sua vocação, o seu papel e a sua relação com o mundo. Se tudo isso for significativo e grandioso, então o aspecto do plano de sua vida, em escala reduzida, o tornará, mais do que qualquer outra coisa, forte, seguro, altivo, encorajando-o à atividade e desviando-o de sendas perdidas (SCHOPENHAUER, 2015, p. 113-114).

Amadurecemos, emocional e intelectualmente, na medida em que avaliamos as nossas ações, interpretamos os acontecimentos, estabelecemos relações e tiramos conclusões. Amadurecemos quando operamos vínculos concretos de costumes e tradições e lançamos setas ao futuro. Amadurecemos quando valorizamos nossa história pessoal e observamos a coletiva.

Estamos sempre aprendendo. A mente humana é capaz de autoconhecimento e sustentabilidade, e a nossa capacidade de "renascer" nos incita a novos começos. Recompomos nossa identidade ao atualizarmos referências, valores, modelos, influências.

As mudanças psicossociais pelas quais passa o ser humano, com mais intensidade e consciência desde a adolescência, emolduram uma diversidade maior no desenvolvimento cognitivo, na afirmação da sua identidade e na escolha dos caminhos a trilhar. Identidade é a definição consistente de alguém como indivíduo único, em termos de seus valores, atitudes, opiniões e aspirações. Como princípio lógico, toda identidade designa a permanência de certas características de um ser ou de um objeto, quando outras são modificadas.

A formação da identidade é um processo inconsciente para o indivíduo e dura a vida toda, segundo o psicanalista Erik Erikson. Sua origem remonta à infância com a experiência de reciprocidade entre pais e filhos. A adolescência começa com a instância de identidade difusa, que é um estado de coisas em que o sujeito não estabelece compromissos firmes com nenhuma atitude ideológica, ocupacional ou interpessoal, pois está em desenvolvimento. O processo identitário prossegue incorporando alterações de traços e interesses ao longo da vida.

Há um tempo identitário no qual constituímos nosso eu. Somos uma singularidade e uma individualidade autênticas. Podemos ter afinidades com pessoas, ideias, tendências, mas somos exclusivos. Somos únicos e isso é essencial. Na complexidade do todo, a esfera intelectual da vida responde consideravelmente pela construção do nosso mundo interno.

Nossa identidade está associada à permanência no tempo como sujeitos. Ela responde à marca do ser reflexivo, pensante e consciente de "estar no mundo". A certificação de identidade torna preciso o sentido da vida, ao mesmo tempo em que ela é vulnerável às intensas mudanças por estarmos mais expostos a muitas demandas e compromissos, situações que multiplicam as identidades no mundo moderno.

Descoberta de si mesmo

Caro leitor, não se feche ao aprender. É possível acrescentar conhecimento e vivência desde as pequenas experiências e o contato com outras pessoas. Teste o seu aproveitamento durante o dia perguntando-se à noite:
- O que eu aprendi hoje?

Compreendemos a exigência da vida em termos múltiplas identidades, quando vivemos uma "relação desenraizada, móvel, errante, no tocante ao tempo e ao espaço", no pensamento do filósofo Edgar Morin. Nesse caso, fica cada vez mais familiar o que nos é estranho e o familiar se nos parece estranho e distante. Como isso acontece? O desenvolvimento dos transportes e as novas tecnologias da informação e comunicação (NTICs) deslocaram os horizontes temporais, levando o tempo e o espaço a perderem a sua dimensão processual e histórica. A maior velocidade dos transportes e das comunicações reduz o espaço através do tempo e o resultado é a sua contração.

> **Atenção curiosa**
>
> As NTICs constituem uma ruptura na história das técnicas, pois dissociam a máquina (hardware) e seu programa (software).
>
> Essa maleabilidade dos instrumentos, cujo uso se transforma em programa de funcionamento, abre a perspectiva de reviravolta na relação homem/máquina: a "metamáquina" é desespecializada, homogênea (na heterogeneidade de seus componentes interconectados: redes, periféricos etc.), ao passo que o trabalho se transforma em criação de usos (CORSANI, 2003, p. 22).

Socorro, o tempo encolheu e as distâncias também! O geógrafo David Harvey imputa a esse fenômeno a ideia da compressão do tempo-espaço. Nesse movimento, perceptível na difusão instantânea da comunicação via satélite, estreitam-se os horizontes temporais da tomada de decisões privada e pública. Transformados em valor, espaço e tempo são constrangidos a separar-se. Com a separação, a relação entre espaço e tempo mudou. As coordenadas tradicionais sobre as quais construímos a imagem do mundo ficam reduzidas.

A Modernidade reduziu a partículas a noção de tempo e, ao destituí-lo do seu trato qualitativo, tornou-o um "tempo vazio" pela padronização. Sem raízes, também o mundo moderno tem no espaço virtual um ícone dos processos de aceleração do tempo e do seu conteúdo disseminado.

Deter-se sobre a questão do tempo significa, assim, ultrapassar as tradicionais coordenadas espaço/tempo e compreender a percepção da sua superação pela avalanche das novas tecnologias que mudaram as condições de vida e de trabalho no mundo. Há um conjunto de processos sociais indutores do tempo veloz, que levam à naturalização da sua percepção acelerada aceita como a sua forma usual de viver: "vivo para trabalhar", "tempo é trabalho". É uma nova relação com o espaço e com o tempo, verdadeira mobilização do espírito, ambiente propício para a atuação e expansão dos meios de comunicação de massa.

> **Não perca esta dica**
>
> • Leia o livro de Martin Cohen e José Eduardo Mendonça: *Jogos da mente – 31 dias para redescobrir seu cérebro*. Rio de Janeiro: Civilização Brasileira.
>
> Uma forma de pensar sobre o próprio pensamento com o auxílio da Filosofia, Sociologia, Psicologia e da Teoria Política.

Essa relação com o espaço encurtado e o tempo acelerado gera uma angústia de saber que tudo não é nada. Também, o excesso de informação leva à banalização da notícia. Nesse confronto, a interrogação interior do homem em luta consigo mesmo, com a vida, com a morte, com o grande mistério do universo fica minimizada, afirma o filósofo Edgar Morin. Ainda que as chances de questionamentos do ser humano possam diminuir, "muito maior que a morte é a vida", canta a poeta Adélia Prado. Daí a importância do trabalho de autoconhecimento para um "estar no mundo" com presença. Centrado em se conhecer, o ser humano pode evitar atitudes egoístas e aumentar a qualidade de vida no relacionar-se com outros.

Além do tempo que nos identifica, há um tempo imaginário que nos permite examinar o que vem depois e projetar-nos. Um é o tempo presente da nossa identidade, outro, o devir, o tempo do projetar a vida, que aqui trazemos à reflexão. Valendo-nos do autoconhecimento, é possível traçar Planos de Ação para cada uma das esferas da vida, entre eles, Planos de Formação para a vida intelectual, que você poderá elaborar na sequência.

Vivência

Caro leitor, coloque em prática a técnica do milagre desenvolvida pelo psicólogo Steve de Shazer. Focalize sua imaginação na solução de alguma preocupação de modo sincero e sem procurar respostas. A sua mente irá se concentrar para achar uma solução. Você trabalhará com uma parte do seu cérebro capaz de fazer projeções.

Em cartaz

- Assista ao filme *Histórias cruzadas*, 2011. Direção de Tate Taylor. Estados Unidos.

A determinação de uma jovem em ser escritora provoca luta pelos direitos sociais dos negros nos Estados Unidos, nos anos de 1960.

Jogo rápido

A vida é um processo, um aprendizado contínuo, exigindo-nos cultivar uma moral de autodeterminação, para que o autoconhecimento ocorra e se atualize constantemente. Já conversou com você mesmo na frente do espelho? Pois, o faça; é uma forma de reconhecer as suas contradições e buscar coerência em ser e no agir. Essa busca o levará a fazer planos num tempo identitário, apostando na formação de bons hábitos, graças à sua inteligência.

Planos de Formação no meu Projeto de Vida			
Minha vida intelectual	**Ações estratégicas a que me proponho**		
	Manter	Melhorar	Mudar
Abertura para inovações e novidades			
Conhecer-me mais e melhor			
Práticas e hábitos de estímulo mental			
Desafios para aprender mais			

Data:

Como está a minha situação pessoal hoje?

O que eu posso fazer nesse caso?

Prazo para alcançar resultados animadores:

2.3 Valorize o passado: cultive as emoções

Temos uma percepção expressiva do nosso corpo e aparência física, sistematizamos a própria mente, mas também vivemos uma dimensão emocional dos acontecimentos. Os sentimentos falam mais de nós do que a nossa forma racional de narrar as coisas. Nem sempre as linguagens, verbal e corporal, exprimem a densidade emocional que carregamos internamente.

Somos dotados de sentimentos e emoções que pulsam e nos expressam. Percebê-los, identificá-los e, principalmente, saber comunicá-los e controlá-los é fundamental para viver em equilíbrio consigo mesmo e em sociedade. Recordar uma ação carregada de sentimentos é uma forma de percepção do tempo, que mescla passado e presente, uma vez que vivemos múltiplas culturas temporais. Entre as habilidades sociais, praticar a empatia ganha evidência e aprendemos muito sobre inteligência emocional.

O "eu falo" implica o outro que fala no aqui e agora. Esse é o "presente vivo" na fala, como analisa o filósofo Maurice Merleau-Ponty, numa reciprocidade que ajuda a descrever o que sentimos. Ao compreender as transformações emocionais dentro de nós ampliamos a percepção de outros aspectos em cada situação, bem como de observar os sentimentos alheios. Por breve que seja a vida, as experiências nos marcam emocionalmente pelo significado que portam para nós. Por isso, as projeções têm raízes na experiência vivida.

Descoberta de si mesmo

Caro leitor, avalie a sua motivação para a vida e anote:
- O que dá impulso à minha vida?
- O que me faz vibrar de alegria?
- Onde procuro energia e bons sentimentos?

Ao refletir sobre o tempo, cruzamos acontecimentos individuais e sociais na perspectiva histórica. Análises sociológicas revelam a complexidade na nossa apreensão do tempo cotidiano, uma vez que o pensamento crítico percebe as mudanças e as processa.

Viver simplesmente pode tornar evidentes as diferenças entre as sociedades, os gêneros, os níveis micro e macrossociais, fenômenos que se transformam ao longo do tempo. Todo acontecimento ocorre num determinado contexto de ideias, condições de vida, motivos, formando um conjunto de circunstâncias que acompanha a situação ocorrida.

Lembrar do que já viveu, das versões do seu "eu", da vida de que tem conhecimento, é reconciliar-se consigo mesmo. É preciso situar-se temporal e fisicamente para que a memória flua a seu favor. O espaço mescla-se com o tempo, assim como o corpo se mescla com a alma.

Na vivência a seguir, veja a recomendação do filósofo Arthur Schopenhauer sobre a positividade das lembranças. Não se trata de lembrar por lembrar simplesmente ou para viver no e do passado. A ideia é a recordação poder limpar o cenário, atuar como uma lente que amplia a imagem. A recordação reduz, sintetiza, seleciona os sentimentos ao se prender àquilo a que foi dada importância, mas também pode ampliá-los, produzindo uma imagem mais bonita do que a original. Por isso, recordar com esse propósito é realmente viver.

Vivência

Caro leitor, pegue seu caderno de anotações e escolha um lugar agradável onde possa ficar sossegado por algum tempo. Experimente fechar os olhos e deixar a imaginação fluir. Transporte-se à sua infância ou à fase de adolescente. Não importa se a vida foi boa ou se deixou a desejar, coloque-se imaginariamente na sua família de origem ou naquela que o acolheu por um tempo.

Rememore o ambiente em que passou os primeiros anos de sua vida. Visualize as pessoas à sua volta, recupere o relacionamento entre elas e você. Faça um esboço dessas relações, nomeie os personagens, posicione-os em sua escala valorativa sentimental.

Revisite aquela casa, seus cheiros e barulhos conhecidos. Passeie nela pela claridade do dia e as sombras da noite, aquelas que o assustavam, desenhando figuras estranhas pelas paredes, como que a persegui-lo. A varanda tinha um brilho diferente, mais vibrante, ofuscante! Lembra? Até a noite vertia luz. Havia sempre um raio claro nas frestas estreitas que o seu dedo alcançava. Nas portas fechadas ou entreabertas lá estava o mistério. De um pedacinho da janela aberta você espiava o mundo.

Deixe-se banhar por essa luz de passado e se entregue ao devaneio das pequenas coisas que fez, sonhou, ousou, experimentou naquela fase da vida. Reavive suas lembranças no calor de sentimentos fortes, prazerosos ou tristes.

Escreva aos poucos ou de uma só vez as suas impressões. Não pense nas distorções nem no que poderia ter sido de outro modo. Retrate tudo o que você lembra. Rascunhe. Ponha no papel de qualquer maneira, sem pensar numa ordenação de ideias ou correções. Escreva sem se preocupar com estilo, ideias soltas ou amarradas. Não se preocupe com qualquer cronologia ou fidedignidade ao que passou. Escreva. Se você escrever pouco ou muito estará sempre bem. Domine e se subordine apenas às ideias que vão para o papel. Depois, leia, releia. Não rasgue nem jogue fora as folhas escritas. Guarde-as como algo precioso, uma parte viva de você. Pode parecer uma vida como outras tantas, mas não é. É a sua história. A sua biografia é uma parte resgatada de você que se impõe no relato.

Nessas linhas de memória remota você acaba de reavivar seu equilíbrio e capacidade de autorrealização, além de despertar a criança que carrega no coração. É como se aquelas figuras de sombras em movimento nas paredes ganhassem fôlego e trouxessem ar renovado ao seu peito para novos desafios e enfrentamentos. Um deles é se conhecer melhor e se dispor a ter um Projeto de Vida.

*

Também praticamos esta vivência: *Minhas lembranças* – texto escrito pela Silvia – estão aqui apenas para dar corpo e colo à criança latente reencontrada num exercício de percepção do "eu" em processo de autoconhecimento.

Acontece um dia, se acordar pensativo parecendo ter vivido tudo ou quase nada, sabendo quanto não aprendeu! Ah, viver, experiência inconclusa, defasada antes mesmo de acontecer! Ó meu Deus, falta tão pouco para terminar e tantos são os sonhos a realizar! Dará tempo de se ir se a saudade se achega tão rápida e já antiga, amiga daquilo que está por vir?

Também tive o meu pé de ameixas e o vi florescer todos os anos. Com ansiedade esperei as frutas amarelarem para comê-las verdes, antes do tempo. Ziguezagueei no pomar com os primos, conhecendo as árvores e seus frutos como mimos. Encarapitada nos galhos, comi até não mais poder para guerra de sementes fazer. Corri descalça, tropecei dolorido e estabanada, enfaixei o dedão, pronto para uma nova topada. Escondida, li livros proibidos com a satisfação de estar cometendo tremendo delito. Dei flores à professora do coração e lhe escrevi bilhetinhos carinhosos. Entreguei-os encabulada... tinha comido a maçã levada. Desconfiava sempre do papai-noel mascarado. Para ganhar presentes eu fingia nele acreditar, e só. Depois ficava horas conjecturando quem estaria naquela fantasia: o tio da mãe, o vizinho, o irmão da avó? Bati palmas no terreno ao lado (aquele das furtivas frutas comidas no pé), apenas para pegar a bola. Com medo, corri do cachorro em minha cola, deixando a bola na marcha a ré. Guardei papéis nos tijolos do muro do quintal, e lá os esqueci sem saber se segredos eram realmente. Pulei valetas e poças de cristal nas estiadas de verão, só para ter que tomar um banho quente. Também deslizei barrancos de lama "surfando" em lâminas de papelão. Brinquei de roda até o arrebol e morri de vergonha de ficar na berlinda, esperando ser a aprazada. Afundei o rosto no travesseiro cheirando a sol e a goma do ferro de passar roupas à brasa. Menina mimada e querida, fazia escarcéu se tivesse plateia, e muitas vezes chorei baixinho para não ser ouvida. Cresci livre de horários. Para as refeições, chamavam-me no portão de casa, na cerca da vizinha ou na rua depois da esquina. Que mistério tinham as esquinas que se dobravam! Eu não sabia o que era calendário, só conhecia a folhinha com os meses do ano. Nela, marcava a data do meu aniversário. Fui sapeca e não me lembro de achar que o tempo passasse depressa. As festas custavam a chegar. O Natal era só amenidades no fim de mais um ano que voou, demorava mesmo uma eternidade o tempo da minha mãe – "um minuto, já vou" (Silvia Maria de Araújo).

 Esse tempo estendido da percepção de hoje da criança de outrora tem um efeito salutar: lava a alma. Em outras palavras, expulsa a ansiedade que se apodera do coração e nos faz apressados até mesmo sem motivo. O "um minuto" da mãe parecia uma eternidade e fazer aniversário apenas uma vez por ano era muito tempo para ficar esperando.

A percepção dos fatos ocorre por meio dos sentidos postos em estado de vigília para captar as sensações. Uma percepção – faculdade de apreender alguma coisa ou ideia, consciência de algo ou alguém por meio dos sentidos ou da mente –, como a descrita no relato acima da festa da Páscoa traz uma memória gustativa (lambuzada de chocolate) e você pode identificar outras percepções em termos de tempo, espaço, período da vida, relações sociais, sensações diferentes e tantas outras.

Presente no mundo

Com este exercício você resgata diferentes percepções já experimentadas. Propomos um exemplo para cada tipo de memória e que você busque em suas lembranças algo que lhe seja significativo. Vamos lá!
Memória olfativa: o aroma de comida caseira.
• Do que você se recorda?
Memória auditiva: os sons da torcida do seu time no jogo de futebol.
• O que isso traz à sua mente?
Memória visual: céu azul, mar, sol, areia – a praia!
• Qual é a sua lembrança?
Memória tátil: o travesseiro macio.
• Está lembrado? Consegue sentir?
Memória gustativa: seu sorvete preferido.
• Qual é a sua recordação?

Relatos de memória nos trazem o suceder simples de eventos no tempo. Todos têm um significado. Reforçam um sentido identitário ao protagonista, desprendendo-o dos fatos datados. A memória se alimenta do vivido e do sonhado, tece um diálogo entre eles, afirma o literato Campos de Queirós, alterando-se com a experiência de vida, não sendo obrigatórias a fidedignidade e a linearidade dos acontecimentos.

A memória não se limita ao tempo passado, é imediata. Estando sempre presente em nossa consciência, a memória refere-se a uma "pluralidade dos tempos", na expressão do historiador Michel de Certeau. Se não há transições entre momentos, nós as criamos para poder tocar a vida tudo ao mesmo tempo. As lembranças circulam pelos acontecimentos. Elas não os detêm, nem deles se apoderam, mas ajudam a avaliar o que aconteceu e a projetar o futuro, combinando as particularidades antecedentes ou possíveis das diferentes situações.

PARE E PENSE
- Quais são as suas lembranças mais remotas?
- Recorda-se de um acontecimento recente que o marcou?

Assentar a poeira do tempo é tirar lições e avançar o aprendizado, pois a direção na qual se desenvolve o saber é inseparável daquela das transformações sociais da vida em comum. Não custa desenhar cenários que possam ajudar a reler e a ressignificar o que vivemos. O tempo pode ser a melhor fonte de liberdade pessoal que se pode ter, não demanda recursos financeiros nem tecnologia avançada. Pensando assim, ser livre é ter tempo para fazer as coisas que nos motivam e nos fazem verdadeiramente felizes.

O mundo da memória produz modificações e, por essa razão, uma sociedade sem memória não sabe se colocar objetivos, podendo até perder o próprio rumo. Do mesmo modo, para uma pessoa que desconhece e/ou não valoriza o seu passado são maiores as dificuldades de estabelecer metas para o futuro e de lidar com o presente. O tempo que passou será como uma alavanca para novas investidas. Mas o tempo será seu aliado somente se você souber desapegar-se de ideias, crenças, objetos e pessoas que não mais lhe acrescentam. Não carregue bagagens físicas e emocionais desnecessárias ao longo da caminhada!

Teste sua habilidade de não julgamento

Para extrair lições de vida precisamos nos distanciar dos acontecimentos. Esse é um exercício de avivamento analítico da memória. Para isso, imagine que você é uma outra pessoa, um observador externo à situação que consegue enxergar as coisas de forma mais clara, neutra, imune ao turbilhão de emoções que nos invade quando se trata da nossa vida, da própria história.

*

Caro leitor, lembre-se que, como observador externo, seu papel não é o de julgar os seus comportamentos e atitudes, rotulando-os ou desqualificando-os. Isso não ajuda! Como o próprio termo diz, seu papel é simplesmente "observar". A partir daí, algumas conclusões surgirão espontaneamente. Vamos praticar. Relembre um impasse que você viveu e compartilhe com alguém:

- Como agi em determinada situação?
- E quanto às pessoas envolvidas, qual foi a atitude delas naquele episódio?
- O que aprendi com o acontecido para agir de forma diferente em outros momentos assemelhados?

Uma das dificuldades em suprir nossa memória está no fato de vivermos uma simultaneidade de acontecimentos. Com isso, os espaços temporais se apresentam minúsculos, cada qual um símbolo em si como se não houvesse ligação entre eles. Vivemos múltiplas "culturas temporais" marcadas pela intensificação dos ritmos sociais e aí diminuem muito as possibilidades individuais de controle do tempo, do ritmo, dos acontecimentos.

Uma forma dessa aparente descompensação que a percepção do tempo acelerado provoca é o tempo despedaçado, fragmentado, que induz à necessidade de esquecimento, pois a mente acompanha o seu ritmo. O esquecimento é uma forma de fuga desse redemoinho mental para acomodar tantas informações e nos faz vítimas de um tempo que rapidamente as apaga da nossa mente.

Muitas vezes confundimos emoções e sentimentos, por viver tudo ao mesmo tempo. Por isso, saber a diferença entre eles permite melhor gerenciá-los, modificando-os para evitar arrependimentos, tirando proveito da inteligência emocional. Eles se distinguem na sua origem, velocidade e intensidade.

Emoções originam-se na parte cerebral mais primitiva, enquanto os sentimentos nascem do pensamento abstrato, no lobo frontal do cérebro. As emoções são inatas, fruto da evolução da espécie humana e tem-se um número finito delas, percebidas e comprovadas, tais como a raiva, a tristeza, a alegria, o medo, a surpresa. Os sentimentos são mais "racionais" podemos dizer, embora sejam associados às coisas do coração e da alma. Eles correspondem ao nosso trabalho em processá-los para podermos interpretar as emoções.

Emoções nascem de um ímpeto, são mais imediatas. As emoções disparam o nosso sistema de alerta. Num impulso já há uma explosão, dizemos o que não queríamos ou deveríamos dizer, armando a maior confusão. Se entendemos o que aconteceu e por que agimos de um jeito ou de outro, entramos na percepção dos sentimentos.

Os sentimentos se desenvolvem de um modo mais lento, vão num crescendo internamente. Os sentimentos vão se instalando com vagar, e quando vemos estamos efusivos ou muito tristes, desanimados ou afetuosos. O que chegou pouco a pouco pode permanecer por horas, dias, semanas, meses, até anos, e é o tempo que conta o que ficou da emoção primeira.

> **PARE E PENSE**
>
> Caro leitor, reflita sobre as coisas e pessoas que você pretende assegurar consigo.
> - Por que tem medo de perdê-las?
>
> Procure entender as razões e analise seus sentimentos de modo a acolhê-los. Assim, conseguirá trabalhar neles. Registre essa experiência.

Emoções são mais intensas, fortes e carregadas de motivação impetuosa, difíceis de contê-las muitas vezes. Entre as emoções, o medo é o sentimento exaltado mais paralisante. Sob a ameaça de perigo ou a consciência dele, o medo tende a suspender qualquer ação. Já, os sentimentos são mais delicados, sutis, levam-nos a refletir sobre "o que está acontecendo comigo?"

Emoções e sentimentos exigem uma interpretação da nossa parte e um modo diferenciado de controlá-los. As emoções requerem um parar a tempo, tomar um fôlego, às vezes contar até dez, provocar um certo distanciamento para melhor entendê-las, sejam elas positivas ou não. Os sentimentos merecem uma atenção mais demorada, refletida, analítica para serem compreendidos e até modificados, se nos sentimos mal.

Descoberta de si mesmo

- O que estou sentindo hoje? Reconheço o porquê desse sentimento?
- Qual foi a razão daquele meu ataque de raiva, quando perdi o celular ou entornei a xícara de café?
- Por que não estou com vontade de ir àquela festa ou jantar fora com os amigos?

Pelo excesso de racionalidade da nossa época, buscamos soluções com presteza em todas as dimensões da vida, especialmente no trabalho. Vemos "problemas" em tudo. Se não os resolvemos, invade-nos um sentimento de culpa e desapontamento, seja por desconhecimento, desatenção ou falta de empenho nosso ou de outras pessoas.

Acumulamos frustração, tristeza e raiva por não encontrar o método certo, a solução adequada para as questões problemáticas, como quando discordamos de alguém da família ou deixamos passar a chance de um emprego, ou até mesmo perdemos o ônibus por poucos minutos. Nesse sentido, o psicólogo Daniel Goleman provou que a inteligência emocional está ligada a habilidades próprias em se motivar e a persistir no empenho, ainda que diante de decepções.

Não perca esta dica

- Leia o livro de Daniel Goleman: *Inteligência emocional*. Rio de Janeiro: Objetiva.

A inteligência emocional é desenvolvida por meio de técnicas e mudança de hábitos.

Há uma atitude que pode nos ajudar a atingir o equilíbrio emocional referido por Goleman. Trata-se da resiliência. Assim como na Física, alguns corpos retornam à sua forma original, após sofrerem determinadas condições adversas, como pressão ou choque, na vida também podemos ser resilientes. Veja o exemplo do elástico. Se você o puxar e soltá-lo em seguida, ele voltará a seu estado inicial, mesmo após ter sofrido alongamento.

Na vida, passamos pelas mais diversas situações embaraçosas, testando nossa capacidade de superar as adversidades ao dar a elas um novo significado e nos adaptando. Dá-se o nome de resiliência a esse fenômeno. A resiliência está ligada ao equilíbrio emocional. Mas como podemos ser resilientes? Trata-se de uma qualidade que é construída ao longo da vida, trabalhada e amadurecida. Não é obtida de imediato.

Atenção curiosa

Somos resilientes quando:
- somos otimistas e esperançosos;
- procuramos resolver as dificuldades mediante atitudes proativas;
- buscamos uma rede de apoio para auxiliar-nos em momentos de crises, necessidade e incertezas (familiares, amigos, profissionais da saúde);
- compreendemos ser a imperfeição parte da natureza humana e, mesmo assim, desenvolvemos potencialidades, aprendendo com nossos erros e acertos;
- reconhecemos de forma autêntica nossas qualidades e nossos defeitos, porque

> nos tornam indivíduos únicos, melhorando no que dependa do nosso esforço;
> - agimos como protagonistas de nossa história com mudanças pessoais e na sociedade, não nos fazendo de vítimas;
> - sabemos comunicar nossos sentimentos e emoções de maneira assertiva.

Resiliência é uma forma de aprendizado com as adversidades presentes em situações que causam contrariedade por não satisfazerem expectativas que carregamos em função do aprendizado sociocultural. A vida cotidiana está repleta de contrariedades que se nos apresentam como desafios, no sentido de suportá-las de forma resiliente como obstáculos a serem ultrapassados.

Em termos gerais, a adversidade é captada pela vertente do medo, comum em inúmeras situações vividas (medo do fracasso, de enfrentar dificuldades de toda ordem, de ser avaliado); pela dimensão temporal, a qual dá a medida da vida do ser humano e limita iniciativas muitas vezes; pela coerção/pressão/imposição da realidade social sobre os indivíduos, pautada na rigidez das normas institucionais ou padrões culturais; pela resiliência, enquanto capacidade de vencer as dificuldades, tentativa de superar as próprias limitações.

A atitude resiliente não é compatível com resistência e revolta ou atitudes de submissão e total aceitação de determinado estado de coisas. A resposta resiliente não se amolda resignadamente a uma exigência ou falta de condições para a realização de alguma tarefa ou compromisso. Resiliência é o enfrentamento e a disposição de superação de adversidades.

Presente no mundo

Resiliência é uma qualidade que vale a pena ser trabalhada no Projeto de Vida. Mas, atenção para o movimento aparentemente ambíguo de aceitação e rejeição diante de situações adversas que se prolongam no cotidiano, principalmente no âmbito do trabalho! Ao mesmo tempo em que o trabalhador rejeita as dificuldades que se apresentam também pode ceder e se submeter. Convém estar atento aos limites de uma atitude resiliente e, nunca subserviente, à exploração de sua capacidade de trabalho ou à imposição de exigências.

Teste sua habilidade de resiliência

Escolha uma das opções para cada pergunta abaixo. Some os pontos e veja qual é o seu nível de resiliência.

1) Preocupo-me em excesso com pequenas coisas todos os dias?

( ) Nunca – ( ) Raramente – ( ) Ocasionalmente – ( ) Muitas vezes – ( ) Sempre

2) Sou exigente comigo mesmo e com quem está à minha volta?

( ) Nunca – ( ) Raramente – ( ) Ocasionalmente – ( ) Muitas vezes – ( ) Sempre

3) Cobro-me para que a minhas atividades sejam perfeitas?
( ) Nunca – ( ) Raramente – ( ) Ocasionalmente – ( ) Muitas vezes – ( ) Sempre

4) Sou ansioso em tudo o que faço?
( ) Nunca – ( ) Raramente – ( ) Ocasionalmente – ( ) Muitas vezes – ( ) Sempre

5) Sinto dificuldade em explicitar as coisas que me aborrecem?
( ) Nunca – ( ) Raramente – ( ) Ocasionalmente – ( ) Muitas vezes – ( ) Sempre

6) Irrito-me facilmente por qualquer coisa, como filas, barulho, trânsito etc.?
( ) Nunca – ( ) Raramente – ( ) Ocasionalmente – ( ) Muitas vezes – ( ) Sempre

7) Aborreço-me com a família e os amigos com frequência e sem motivos que justifiquem?
( ) Nunca – ( ) Raramente – ( ) Ocasionalmente – ( ) Muitas vezes – ( ) Sempre

8) Não lido bem com críticas e *feedbacks* em família ou no trabalho?
( ) Nunca – ( ) Raramente – ( ) Ocasionalmente – ( ) Muitas vezes – ( ) Sempre

9) Sofro muito quando os planos não saem conforme o planejado?
( ) Nunca – ( ) Raramente – ( ) Ocasionalmente – ( ) Muitas vezes – ( ) Sempre

10) Demoro para ressignificar acontecimentos e aprender suas lições?
( ) Nunca – ( ) Raramente – ( ) Ocasionalmente – ( ) Muitas vezes – ( ) Sempre

11) Tenho dificuldades para lidar com mudanças repentinas e me adaptar?
( ) Nunca – ( ) Raramente – ( ) Ocasionalmente – ( ) Muitas vezes – ( ) Sempre

*

Totalize a pontuação da seguinte forma:
- Nunca = zero ponto.
- Raramente = 1 ponto.
- Ocasionalmente = 2 pontos.
- Muitas vezes = 3 pontos.
- Sempre = 4 pontos.

Resultado do teste na página 93.

Muitos de nós temos dificuldades em expressar nossas emoções e a linguagem é fundamental para comunicá-las. O sociólogo Alain Touraine (1976, p. 220) é provocativo: "Chorem quando vem a morte, chorem quando o amor chega, quando a criança cresce. É proibido se emocionar?" Em nossa cultura somos educados a não demonstrar sentimentos e, com isso, não aprendemos a expressá-los. Quase não observamos nem distinguimos os sentimentos e emoções, embora estejam presentes em nossas atitudes. O reconhecimento dos sentimentos – por exemplo: alegria ou tristeza, simpatia ou hostilidade, satisfação ou frustração – é importante na definição dos planos pessoais em qualquer uma das dimensões da vida, por eles produzirem a liberação da energia certa, reduzindo o desgaste emocional.

> **Presente no mundo**
>
> Faça um inventário de suas principais emoções e a razão de serem as mais frequentes.
> - Como me sinto em relação ao controle das minhas emoções?
> - De que modo posso melhorar, aliviar as tensões?
>
> Caro leitor, habitue-se a avaliar a sutilidade e volatilidade dos seus sentimentos, perguntando-se:
> - Reconheço os sentimentos que me perturbam vez ou outra?
> - Processo-os em meu interior?
> - Sei comunicá-los?

Realizar aos poucos aquilo que somos e nos tornamos talvez seja um dos segredos do bem-viver, sem que a preocupação com o tempo transcorrido nos perturbe. Com essa abordagem, cada novo dia torna-se especial justamente por nos desafiar a vontade de realizar nossos planos com objetividade, determinação e maior proveito. Para tal conquista, é imprescindível ter um Projeto de Vida que possa traçar planos nas diferentes dimensões.

Teste de resiliência

Pontuação

31 a 40 pontos – Nível de resiliência muito baixo.
- Esteja atento e respeite os seus limites.
- Repense suas atitudes e comportamentos.
- Converse mais com as pessoas em relação aos seus sentimentos.
- Procure ajuda profissional.

21 a 30 pontos – Nível de resiliência baixo.
- Atente-se à sua qualidade de vida.
- Busque atividades de lazer.
- Procure compartilhar com o interlocutor as coisas que o aborrecem.
- Procure ajuda especializada.

12 a 20 pontos – Nível de resiliência médio.
- Observe as situações nas quais você não respeita seu espaço e emoções.
- Organize melhor as suas atividades.
- Delegue tarefas para não se sobrecarregar.

0 a 11 pontos – Bom nível de resiliência.
- Continue assim, parabéns!

(Adaptação do teste original do Serviço de Psicologia do Hospital do Coração de São Paulo.)

Em cartaz
• Assista ao filme *Lion: uma jornada para casa*, 2016. Direção de Garth Davis.

Um garoto indiano se perde da família, enfrenta dificuldades e busca suas raízes num processo de autoconhecimento.

Jogo rápido

O equilíbrio emocional é uma alavanca para o desenvolvimento pessoal que traz satisfação ao presente vivo. Cultive sua memória sentimental e aprenda a comunicar suas emoções e sentimentos para ter uma compreensão subjetiva do seu amadurecimento. Explore a sua percepção do caráter multifacetado da experiência humana – como a ela se refere o sociólogo Zygmunt Bauman – e desenvolva com sensibilidade as suas possibilidades ainda não exploradas.

Planos de Formação no Projeto de Vida			
Minha vida emocional	Ações estratégicas a que me proponho		
	Manter	Melhorar	Mudar
Controle das minhas emoções			
Identificação e avaliação dos sentimentos e emoções			
Capacidade de comunicar sentimentos			
Desenvolvimento de habilidades pessoais (empatia, resiliência e outras) na comunicação pessoal			

Data:

Como está a minha situação pessoal hoje?

O que eu posso fazer nesse caso?

Prazo para alcançar resultados animadores:

3
Planos de Convivência
A esfera social

Vida familiar
As amizades
Relacionamento afetivo

3
Planos de Convivência
A esfera social

Os Planos de Convivência nos levam a refletir sobre a natureza da sociedade e a nos reconhecer como seus integrantes pelo nosso estilo de vida, além de desenvolvermos habilidades interpessoais, hábitos e comportamentos sociáveis.

Na esfera social procuramos as diferenças e os conflitos, praticamos o diálogo, exercitamos a empatia, a cordialidade, o respeito, experimentando o sentimento de pertencimento a um grupo. Por isso, os Planos de Convivência levantam a seguinte questão:

• Sei conviver na aceitação do outro e no compartilhar?

Na dimensão da família, no círculo de amizades, na intimidade do relacionamento afetivo, deparamo-nos com o fenômeno da diversidade social e aprendemos a desenvolver a aceitação das diferenças de personalidades, posicionamentos, crenças, raças, culturas, opiniões, capacidades, gostos, preferências.

Mudanças velozes, no último século, mostraram a família, o Estado, as classes sociais, a religião e outras realidades sociais, como fenômenos disformes aos nossos olhos acostumados com um padrão de comportamento sujeito a normas em larga escala.

Vivemos muitas ambiguidades e tudo se torna discutível, passageiro, descartável, alterando as relações no âmbito da convivência. Por isso, sentimos a necessidade de redefinir continuamente nossa identidade e dar novo significado ao Projeto de Vida pessoal, dentro e fora do contexto em que atuamos, influenciando e sendo influenciados por ele.

3.1 Vida familiar e a temporalidade do afeto

A profunda e intensa transformação social dos últimos cem anos faz com que cada geração se confronte com uma pluralidade de processos sociais, que alteram a vida e as instituições – como o trabalho, a família, o Estado –, desvalorizando a tradição e imprimindo ambivalência ao cotidiano. Esses valores alterados no interior da instituição família confundem o seu desempenho, por exemplo, em relação à responsabilidade dos pais para com os filhos, aos múltiplos papéis das mulheres, ao sustento do grupo doméstico, às relações entre as gerações, lembrando apenas alguns fatores de interferência na realidade familiar.

O mundo atual é único à nossa experiência, ainda mais dada a fragmentação dos valores postos na relação humana. A dúvida – característica da razão crítica moderna – permeia a vida diária e a sua consciência. A incerteza e a dispersão atingem a intimidade do eu e, por decorrência, dos laços familiares. O sociólogo Edgar Morin expressa que a própria família em crise é resposta à crise social disseminada. Ele aposta na instituição família como suporte da moral em sociedade. Entenda-se ser intrinsecamente moral toda e qualquer relação social por implicar a reciprocidade das ações e o respeito entre as pessoas envolvidas.

Concorrem para tantas mudanças dentro da família o acelerado processo de urbanização, as transformações no mercado de trabalho, a ampliação dos níveis de escolarização, a emergência de novas culturas, a massificação dos meios de comunicação, o crescimento do trabalho feminino, a banalização do amor, as relações de gênero, a maior mobilidade espacial e geográfica das populações, apenas para lembrar alguns aspectos dessa dinâmica.

Vivência

Relacionamentos são mutuamente influenciados. Se todos temos defeitos, consideremos os sentimentos de admiração antes de apontar as falhas nos outros. Este exercício nos ajuda a praticar a boa convivência.
Caro leitor, indague-se:
• Quais qualidades mais admiro nas pessoas que amo e respeito?

Também a mudança social constante pauta os ritmos biossociais como resposta à finitude da vida e à diferenciação na sociedade. Adensam esse fenômeno o aumento da complexidade do viver coletivo e uma compulsão por novidades posta em todas as coisas, sobretudo pelos avanços tecnológicos. A família se encontra neste cenário.

Pelo fato de a família estar vinculada ao processo geral de constituição da sociedade, ela apresenta diferentes perfis em contextos históricos diversos. Desse modo, pode-se concluir que a família nuclear tradicional, constituída de pai, mãe e filhos, nasceu como resposta ao sistema econômico da sociedade industrial, que enfatizou o assalariamento e levou a mulher para o mercado de trabalho.

Em qualquer idade, vivemos a realidade da família que permanece, ainda que esteja em constante processo de mutação. A família responde hoje pela convivência de proteção e afinidades mais do que pelos laços de sangue, além de nem sempre viver sob o mesmo teto. O essencial é a família ser o núcleo de afeto, respeito, segurança. Quando essas condições não estão presentes com o processo de desintegração familiar, o prejuízo pessoal se instala em cada um dos seus membros.

O valor da vida em família só se evidencia quando a perdemos ou não a temos. Na família, em geral, pertencemos a uma comunidade originariamente de sangue, mas também de amor, o que faz dela a dimensão do afeto por excelência. No dizer do poeta Mia Couto, "nossa família é o lugar onde somos eternos".

Na família fervilham os sentimentos, qual grande caldeirão onde treinamos nossas ações e reações de ordem emocional. Nela, a gratidão é um sentimento capaz de fazer a diferença para o resto da vida, pois abre o nosso coração em direção ao outro.

Pessoas agradecidas são mais otimistas em relação à vida, têm maior determinação no que fazem e desenvolvem relações pessoais com desenvoltura. A gratidão é um processo sentimental ativo, que valoriza o outro e afasta sentimentos mesquinhos e individualistas. Ela merece ser cultivada. Somos gratos quando reconhecemos ter alcançado algum resultado satisfatório, em função de alguém ter agido intencionalmente de forma valiosa em nosso benefício. É uma experiência preciosa no dia a dia, mas só acontece se superamos a maneira irrealista de pensar o mundo e as pessoas à nossa volta como se tivessem a obrigação de nos servir.

Teste sua habilidade de gratidão

- Sou grato às condições e pessoas que me favoreceram?

Reflita sobre os lances bem-sucedidos em sua vida. Procure na "galeria da memória" as pessoas às quais você é grato e continue cultivando esse sentimento.

Entre familiares as relações são de conexões basicamente biológicas, mas fundamentais para constituir a subjetividade. No seio da família o indivíduo instala sua opinião, relaciona-se com os outros, compartilha crenças e valores de forma singular na dimensão cultural. A subjetividade é esse espaço íntimo do indivíduo, o modo pessoal como ele exerce a sua presença no mundo.

Pode-se dizer que a subjetividade, constituída basicamente pelo afeto e pela consanguinidade, faz-nos protagonistas da própria vida. O sujeito se objetiva na própria ação e disso decorre que sua subjetividade se manifesta na ação. O ideal é que vivamos em família as experiências subjetivas de perceber, conhecer, compreender e cuidar uns dos outros. Sujeito é, portanto, a condição do ser humano que assume a sua vida, protagonizando-a socialmente.

Na família construímo-nos enquanto sujeitos, convivendo protegidos naquilo que o sociólogo Anthony Giddens chama de democracia das emoções, ou seja, uma situação familiar que aceita as obrigações e os direitos previstos nas leis, em que os pais devem prover a subsistência dos filhos, sejam quais forem os arranjos de vida.

A família pode ser considerada uma rede, pois envolve todos os parentes numa trama de obrigações morais e laços de solidariedade, que viabilizam a sobrevivência dos seus membros. Estudiosos da família veem-na como uma unidade sujeita a diferentes tensões internas entre seus membros: cônjuges, pais, filhos, irmãos. É nesse núcleo familiar que os indivíduos provam as primeiras experiências de convivência com a diversidade.

A diversidade está presente no meio familiar porque as pessoas têm características que as singularizam, entre as quais estão alguns aspectos: a) da própria natureza, como o temperamento e a constituição física; b) derivados de suas escolhas, como corte de cabelo, preferência musical, profissão; c) relacionados ao grupo étnico ao qual pertencem (negro, branco, asiático, pardo, mestiço); d) específicos de sua cultura, como os indígenas, os quilombolas, os monges, as nacionalidades diversas; e) determinados de um *status* econômico, tais como as diferentes classes sociais, os rendimentos, o grau de estudos.

Tudo o que nos diferencia de algo ou de alguém, considerado o outro, é diversidade. Há vários tipos de diversidade, como a biológica, a cultural, a religiosa, a social, a geográfica. O fundamental é reconhecer que a diversidade étnico-racial está no fato de os grupos terem cultura e história próprias. Cabe, então, a convivência respeitosa em meio às diferenças individuais e grupais, lembrando sempre o princípio da igualdade entre as pessoas, princípio este disposto em nossa Constituição Federal.

O próprio curso da vida individual faz da idade que temos e avança, uma nova diversidade. O aumento da expectativa de vida, o trabalhar por mais tempo e a necessidade de um aprendizado contínuo impõem o desafio de romper com o preconceito em relação à participação na sociedade. A idade é a nossa história, pois cresce com a gente e se transforma num valor, aquele de saber lidar com a vida e não apenas ficar reproduzindo o que já existe.

> **PARE E PENSE**
>
> Caro leitor, qual a idade que você imagina ou sente ter hoje?

O reconhecimento da personalidade e identidade de cada um dos membros da família se dá em confronto, exigindo aceitação, adaptação, aprendizado da boa convivência social. O filósofo Bertrand Russell (2015) assim se expressa sobre a diversidade que perpassa os membros da família:

Em nossos relacionamentos com outras pessoas e, em especial, com as mais próximas e queridas, é importante, embora às vezes difícil, recordar que elas veem a vida a partir de seu próprio ponto de vista e segundo as impressões de seu próprio ego. Não devemos esperar que nenhuma pessoa altere o curso principal de sua vida em benefício de outra.

Podemos dizer que as relações familiares são complexas, uma vez que cada familiar possui um temperamento, uma forma de ser e de agir, além de ter seus objetivos e interesses pessoais diferentes e mutáveis. É nesse ambiente de diversidade que aprendemos o sentimento de pertencimento e exercitamos o "nós", essa junção dos componentes comuns.

Teste sua habilidade de relacionamento interpessoal

Você chega em casa de boa, tranquilo com o dia que passou, e dá de cara com seu irmão mais novo ouvindo um *podcast*. Ele diz que "pegou emprestado" o seu celular (aquele que você esqueceu ao sair de casa). Qual é a sua reação?

Caro leitor, lembre-se de que o diálogo é um meio indispensável para fortalecer os laços de sangue e de afeto, ajudando a contornar os desentendimentos, principalmente os familiares. Existem formas de resolver, e uma delas é por meio de concessões recíprocas; ou seja, conversar, aproximar-se, ceder, negociar e, aqui, a comunicação é fundamental.

Na família desenvolvemos o "nós puro", concreto e atualizado, dotado de conteúdo, na concepção do sociólogo Alfred Schutz. Em família exercitamos nossa personalidade, formamos nosso caráter, vivemos grandes emoções de paz e conflito. Convivendo, aprendemos valores sociais, compartilhamos, somamos e dividimos sentimentos, enfim, construímo-nos.

O que significa "construir a própria vida"? A construção de uma vida pessoal é também a de uma vida familiar, comunitária, afirma o sociólogo Ulrich Beck, considerando ser uma experiência coletiva pertencer a um grupo, formar um nós, ter uma identidade social. A ideia de como as coisas são ou deveriam ser, que se sustenta mais nas percepções compartilhadas dos membros da sociedade do que na realidade objetiva, é uma construção social. Esse processo se desenvolve essencialmente no interior das famílias.

> **Em cartaz**
> • Assista ao filme *A árvore da vida*, 2011. Direção de Terrence Malick.
> História de uma família americana dos anos de 1950, cujo filho mais velho, já adulto, tenta se reconciliar com o pai.

Desempenhamos papéis sociais na família que são tipificações de comportamentos e nos levam a assumir responsabilidades no convívio, como ser filha(o), irmã(o), pai, mãe, avó, avô. O que envolve o ser e o fazer coletivos exerce atração sobre nós porque damos significado às ações. Temos necessidade de sentir-nos valorizados, aceitos socialmente. É um fenômeno visível e pode ser exemplificado pelo valor que damos tanto aos bens materiais quanto pela multiplicidade de crenças em nosso meio, mas está presente, sobretudo, nas relações da esfera familiar.

Desperdiçamos tempo precioso vivendo sem consciência do que é ser família, ter para onde voltar no final do dia, alguém com quem compartilhar uma boa convivência, os feitos e desolações. Às vezes colocamos nosso esforço em coisas menos importantes do que nas pessoas que amamos, enfraquecendo os vínculos de afeto, analisa o sociólogo Richard Sennett.

> **O que eles têm a dizer**
>
> A base da família é naturalmente o fato de que os pais sentem um tipo de afeto especial pelos filhos, diferente do que sentem entre si ou pelas outras crianças. [...] o amor dos pais é um tipo especial de sentimento que o ser humano normal experimenta para com seus próprios filhos [...]. Nossos pais nos querem porque somos seus filhos, e isso é um fato inalterável, de modo que nos sentimos mais seguros com eles do que com qualquer outra pessoa. Em tempos de êxito, isso pode não parecer importante, mas em tempos de fracasso proporciona um consolo e uma segurança que não encontramos em nenhum outro lugar. [...] é necessário que os pais, desde o princípio, respeitem a personalidade do filho, um respeito que não deve ser simples questão de princípios morais ou intelectuais, mas sim algo que sintam na alma, com convicção quase mística, de tal modo que seja totalmente impossível se mostrarem possessivos ou opressores (RUSSELL, 2015, p. 124-126).

As mudanças no tamanho, valores e papéis sociais da família moderna remetem-nos a novos hábitos e estilos de vida, mas não deveriam sufocar o amor entre seus membros. Alterações na sua estrutura têm levado a muitos arranjos familiares, nos quais se ampliam as relações de sangue e de afeto característicos de famílias monoparentais ou recompostas, muitas vezes. Nesse cenário, as relações no ambiente doméstico se transformam e trazem desafios, que exigem dedicação e um tempo amoroso exclusivo.

Também a família está submetida ao processo de aceleração do tempo, o qual redefine as relações entre passado, presente e futuro. Logo, o melhor entendimento do cotidiano familiar é hoje premente por seu caráter paradoxal de ser um refúgio à dispersão, uma retomada do objetivo e do rumo preestabelecido, uma vivência compartilhada, uma recondução do planejamento de vida.

Descoberta de si mesmo

Caro leitor, não termine o seu dia sem fazer um *flashback*. Detenha-se por alguns instantes nos últimos acontecimentos que viveu e indague-se:
- Como me relacionei com meus pares, meus familiares, meus colegas ou mesmo com os que me eram desconhecidos no dia de hoje?

As tantas crises sociais, econômicas, psicológicas, que atingem as relações sociais em outros âmbitos, interferem nos vínculos familiares. Essas se tornam, então, relações delicadas, pois crianças, adolescentes e jovens não dispõem de total autonomia, independência e garantia de sobrevivência material, por estarem em desenvolvimento biopsicossocial. Eles necessitam de maior suporte afetivo na estrutura familiar, apoio emocional seguro por ainda serem vulneráveis por natureza.

Também os idosos merecem e requerem atenção especial na família. Necessitam acompanhamento constante, respeito e companhia. Ainda que a vida moderna proporcione aparatos e instituições de acolhimento aos idosos, ela não pode substituir a presença de familiares para lhes aplacar a solidão. O afeto e o amor são insubstituíveis e não podem ser "terceirizados". Aconchego, compreensão e cuidados valorizam os que viveram mais.

Atenção curiosa

Convivência em família

Algumas habilidades nas ações facilitam a convivência:

- *Respeito à individualidade*: regras familiares devem respeitar as diferenças individuais de pensamentos e opções de vida sem afetarem o convívio.
- *Empatia*: compreender como o outro se sente torna a convivência harmoniosa.
- *Autocontrole*: posicionar-se de forma adequada e equilibrada, controlando as emoções, diminui conflitos e facilita composições.
- *Abertura*: criar um ambiente de acolhimento, em que os membros da família possam se expressar sem receios de represálias e desarmonia.
- *Assertividade*: saber conversar com os familiares, ouvindo-os com atenção, sem perda do devido respeito.
- *Participação*: todos precisam trabalhar juntos no equacionamento dos problemas e na divisão de tarefas, pois uma mudança de comportamento ou posicionamento individual pode se mostrar insuficiente.

As relações entre pais e filhos integram primordialmente o complexo processo educativo em família, ao colocar na ordem do dia as diferenças entre as gerações. Enquanto são crianças, basta um "não" ou uma breve justificativa para os filhos, porém quando eles crescem as exigências são outras de ambos os lados e a boa convivência precisa receber seguidos ajustes, sempre baseados no respeito e auxílio mútuos.

A adolescência vem sendo considerada como um período mais longo na sociedade contemporânea, principalmente nos grandes centros urbanos. Também os jovens permanecem mais tempo junto da família, dependendo da classe social a que pertencem e das dificuldades que se apresentam. Alteram-se hábitos de convivência e responsabilização.

Mudanças no comportamento das famílias, motivadas pelo crescimento da violência, a expansão das cidades, o tráfico de drogas e o consumismo como um hábito compulsivo, trazem desafios para uma educação afirmativa, geralmente provocando nos pais e/ou responsáveis uma maior proteção dos filhos no enfrentamento diuturno de suas atividades em todos os níveis.

> **Não perca esta dica**
>
> • Leia o livro de Elizabeth Monteiro: *Viver melhor em família – Dicas e atitudes para relacionamentos saudáveis e filhos felizes*. São Paulo: Mescla.
> As relações em família são tratadas pela psicologia a partir de temas do cotidiano.

O passado aconteceu e é imutável. Mas o presente e o futuro podem ser trabalhados e modificados. *O melhor modo de prever o futuro é inventá-lo,* dizia Benjamin Franklin. Sejamos, pois, criativos em relação ao futuro, o único tempo que pode resultar das nossas escolhas e circunstâncias no presente momento.

Não podemos abrir mão em sermos protagonistas na vida. O futuro próximo é o espaço inicial para a nossa definição pelo autoconhecimento e a construção do Projeto de Vida. Esse autotrabalho começamos convivendo com a diversidade existente na família, nicho fundamental de afirmação da nossa identidade.

Em cartaz
- Assista ao filme *Green Book,* 2018. Direção de Peter Farrelly. Estados Unidos.

Uma história no sul dos Estados Unidos, nos anos de 1960, revela as diferenças pessoais e sociais entre amigos em enfrentamentos e aprendizados para a vida.

Jogo rápido

A família é a dimensão que nos libera para sermos quem realmente somos, porque nela afinam-se os relacionamentos interpessoais. Esteja atento ao convívio diário com aqueles que você ama praticando a qualidade da presença. No seu Projeto de Vida a família deve ganhar espaço atencioso no respeito à diversidade e às efetivas corresponsabilidades. Afinal, é para ela que sempre retornamos.

Planos de Convivência no meu Projeto de Vida			
Minha vida em família	**Ações estratégicas a que me proponho**		
	Manter	Melhorar	Mudar
Relações familiares			
Tempo e qualidade no convívio com a família			
Tenho um lar? O que é para mim um lar?			
Lugar da família no meu Projeto de Vida			
Sou um fator de união no ambiente familiar?			

Data:

Como está a minha situação pessoal hoje?

O que eu posso fazer nesse caso?

Prazo para alcançar resultados animadores:

3.2 As amizades em um tempo acelerado

O tempo se apresenta como uma questão relacional no sentido de que a nossa experiência subjetiva integra a sua referência física. O tempo é percebido tanto objetiva quanto subjetivamente por sermos sujeitos das ações e partícipes do nosso entorno.

As relações estabelecidas com as pessoas e as coisas são comandadas por "tempos próprios": saúde e doença, trabalho e não trabalho, infância e adolescência, juventude e idade adulta. Tudo tem seu tempo, conforme o livro bíblico Eclesiastes, capítulo 3, versículos 1-8: tempo de sorrir e de chorar, tempo de plantar e de colher, tempo de nascer e tempo de morrer. Há um tempo vivido e um tempo social concebido diversamente nas diferentes culturas.

Produzindo cultura, os homens fizeram do tempo a representação simbólica de uma rede de relações em sequência de caráter físico, individual e social. O antropólogo Clifford Geertz expressa a complexa realidade social da cultura como um sistema de concepções com significados, que são herdadas historicamente e manifestas em formas simbólicas, como as artes, as técnicas, a ciência. Mediante a cultura os homens se comunicam e desenvolvem seu conhecimento e atividades em relação à vida. Mais do que intercâmbio entre diferente sujeitos, estabelecem relações com o seu meio. Nossos hábitos, costumes, objetos e ambientes expressam diversas formas de viver. Desenvolvendo uma sociabilidade específica para a convivência, produzimos uma sociedade de pensamento e sentimento, além da ação.

O que eles têm a dizer

A definição do homem como "animal social", dada por Aristóteles, não é suficientemente ampla. Dá-nos um conceito genérico, mas não a diferença específica. A sociabilidade como tal não é característica exclusiva

> do homem, nem seu único privilégio. Nos chamados estados animais, entre as abelhas e as formigas, encontramos uma divisão bem definida do trabalho e uma organização social surpreendentemente complicada. Mas no caso do homem encontramos não apenas, como entre os animais, uma sociedade de ação, mas também uma sociedade de pensamento e sentimento. A linguagem, o mito, a arte, a religião, a ciência são elementos e condições constitutivas desta forma superior de sociedade. São os meios pelos quais as formas de vida social, que encontramos na natureza orgânica, evolvem para um novo estado, o da consciência social, que depende de um duplo ato, de identificação e discriminação. O homem não pode encontrar-se, não pode ter consciência de sua individualidade, senão por intermédio da vida social. Para ele, contudo, este meio significa mais do que uma força externa determinante. Como os animais, o homem se submete às regras da sociedade; mas, além disto, participa ativamente da produção e da mudança das formas da vida social [...]. Este lento desenvolvimento pode ser acompanhado em quase todas as formas da cultura humana (CASSIRER, 1972, p. 349).

O mundo social é um todo composto simultaneamente de três elementos: a cultura, a sociedade e a personalidade. A cultura molda os comportamentos, a sociedade organiza a vida coletiva e a personalidade individualizada registra os processos de resistência, assimilação e mudança, conforme a análise do filósofo Jürgen Habermas. Ao nascer, o indivíduo recebe uma herança cultural à qual agrega a sua personalidade para sobreviver, física e psicologicamente.

Sendo um ser-no-mundo e um ser de relações, o homem está sempre em diálogo com as suas construções. Nossos hábitos, estilos de vida, pensamentos, cidades, artes falam silenciosamente do que somos, explica o filósofo Martin Buber (1997, p. 170):

> O fato fundamental da existência humana não é nem o indivíduo enquanto tal, nem a coletividade enquanto tal. Ambas essas coisas, consideradas em si mesmas, não passam de formidáveis abstrações. O indivíduo é um fato da existência na medida em que entra em relações vivas com outros indivíduos; a coletividade é um fato da existência na medida em que se edifica com unidades vivas de relação. O fato fundamental da existência humana é o homem com o homem.

A individualidade é construída nas relações de uns com os outros. Esse é um fenômeno que faz a vida, pessoal e social, se tornar um desafio. As interpretações se distanciam ou se completam, se a análise se detém na formação do coletivo ou na figura do indivíduo. Vivenciamos tudo ao mesmo tempo, pois indivíduo e sociedade são fenômenos que se integram. A vida humana é convivência.

Convivência significa "com+viver", "viver com", estar com outros, viver juntos, trocar experiências. É o intercâmbio de experiências que confere ao mundo um caráter intersubjetivo e social, esse "entre nós", concebido pelo sociólogo Alfred Schutz. As afinidades que aproximam as pessoas nutrem as amizades. Essa é uma dimensão da convivência que gera satisfação na vida. Por sermos seres gregários, precisamos estar uns com os outros.

Ser pessoa resulta de um processo muito particular. O indivíduo integra à complexidade do viver em sociedade aquilo que é específico do ser humano. Ele emite opinião por ser dotado de uma carga genético-hereditária de personalidade e de caráter – o seu mundo interno. Esse se relaciona com um mundo externo, que é a cultura. A formação do indivíduo traz marcas singulares acrescidas de princípios, crenças e valores morais, éticos, sociais, compartilhados no âmbito coletivo.

O indivíduo é produto de múltiplas interações – pessoais, culturais e linguísticas – a que é exposto desde o nascimento, gerando referências para sua vida. Na medida em que vai se apropriando desses princípios e valores e os coloca em ação, ele vai traçando seu curso de vida. Sua trajetória pessoal é, portanto, o encontro de múltiplas trajetórias coletivas, que constituem a experiência histórica dos grupos e populações. Desse amálgama entre o individual e o coletivo resulta a formação da subjetividade ou subjetivação, como afirma a Psicologia Social.

PARE E PENSE
• O que prevalece no binômio indivíduo e sociedade?
• Que relação existe entre o meio em que vivemos (a família, o trabalho, as amizades, os grupos diversos, as localidades de nascimento e de moradia) e a autodeterminação?

Vivemos a permanente tensão de sermos indivíduo e sociedade e essa é uma das questões instigantes da Filosofia. Convivendo reconhecemos diferenças entre nós e reconhecemos sermos singulares. Somos e representamos a diversidade posta num mesmo plano de convivência.

Todo ser humano está em relação mútua com outros. A reciprocidade é o âmago das relações sociais, que contêm expectativas geradas mutuamente na convivência, segundo o sociólogo Max Weber. Nossas frustrações com os acontecimentos geralmente são oriundas de expectativas que não se realizaram.

Em cartaz
• Assista ao filme *Jimmy P.*, 2013. Direção de Arnaud Desplechin. Bélgica.
Uma grande amizade nasce da reflexão sobre traumas e sua superação.

Nossa convivência é, portanto, fruto da experiência que acumulamos ao corresponder às expectativas de comportamento que outros têm e manifestam a nosso respeito e vice-versa. O princípio de reciprocidade é um ato de reflexão entre sujeitos e corresponde a uma relação reversível, ou seja, é de "mão dupla". O mistério filosófico da vida coletiva em torno da necessidade de uns pelos outros, já foi pensado por Platão, quatro séculos antes de Cristo. Não é fantástica essa percepção do mundo social? Vivendo em sociedade aprendemos a nos reconhecer como indivíduos e cidadãos livres e iguais, apesar das diferenças interindividuais e sociais que existem, respeitando os espaços de liberdade e autorrealização de cada um.

Descoberta de si mesmo

Caro leitor, considere a presença de outras pessoas em sua vida e avalie se elas teriam boas lembranças dessa convivência.
- O modo como eu convivo com as pessoas me satisfaz?

Viver é conviver. Somos todos socializados, seres interdependentes por natureza. No convívio, identificamos semelhanças, expomos nossas diferenças e estamos expostos às desigualdades, como sujeitos de práticas sociais. Essas práticas compõem o exercício habitual de ações, individuais e coletivas, pautadas pelo comportamento de outros e se aplicam tanto a usos e costumes, ritos e comemorações quanto à consciência que as aprova socialmente.

Em sua análise sociológica, Pierre Bourdieu mostra como os indivíduos incorporam a estrutura social, legitimando-a ao aceitá-la e reproduzindo-a no sentido de contribuir para sua permanência, muitas vezes, de grande desigualdade, com consequências desagregadoras para a convivência. Com o desenvolvimento da sociedade moderna, novas necessidades surgiram no convívio e as relações sociais ficaram mais densas, complexas, interdependentes e contraditórias. Firma-se a necessidade de uma comunicação clara, unissonante, para recuperar as bases igualitárias nos relacionamentos.

Teste sua habilidade de se relacionar

Examine atentamente suas atitudes, recomenda a jornalista Thais Godinho:
• Olhe com mais carinho e atenção para quem você realmente é. Identifique falhas e pontos a melhorar, mas reconheça também os aspectos mais fortes, que ajudam a transformá-lo numa versão melhor de você mesmo.
• Agora observe como se relaciona com outras pessoas: familiares, amigos, colegas de trabalho e de estudo, vizinhos e subordinados, desconhecidos os quais encontra no trânsito, nas ruas, em ambientes públicos e outros que passam pela sua vida.

*

Caro leitor, saber se comunicar é importante:
• Como você se relaciona com as pessoas da ordem do coração e aquelas mais distantes?

Atenção curiosa

Podemos ser assertivos na comunicação pessoal:
• transmitindo de modo objetivo e claro nossas ideias, pensamentos, emoções e sentimentos, sem sermos impositivos ou "donos da verdade";
• respeitando os posicionamentos de nosso interlocutor, porque fazem parte da visão de mundo dele;
• sendo ouvinte atento e interessado, olhando a pessoa;
• sabendo receber críticas e filtrá-las;

> - dando *feedbacks* adequados e com fundamento/motivação;
> - utilizando linguagem clara e compatível com o interlocutor;
> - praticando a atenção consciente na conversa, sem devaneios ou distrações;
> - evitando erros de julgamento mediante a prática da empatia; isto é, colocando-nos no lugar do outro.

Podemos ser seletivos quanto às amizades. A simultaneidade na comunicação leva a não sentirmos o tempo passar quando conversamos com amigos. É uma percepção do tempo diferente daquela de quando temos uma tarefa para executar com prazo, estamos estudando ou trabalhando pressionados pelo tempo definido e as circunstâncias.

Não perca esta dica

- Leia o livro de Antoine Saint-Exupéry: *O pequeno príncipe*. Petrópolis: Vozes.

É uma leitura clássica, sempre atual, sobre os valores presentes nas relações de amizade.

Com as amizades também enfrentamos melhor um fenômeno complexo, amplo e profundo, que tem raízes no campo da política e da economia e está muito presente no mundo: o individualismo. Como um traço marcante da Modernidade, o individualismo é um modo de rejeição a formas solidárias de ação e a amizade pode lhe ser um antídoto.

Em consequência da crescente velocidade da produção e circulação das mercadorias, pessoas, informações e da relativa redução da distância/tempo entre os lugares, o ritmo de vida se intensificou, caracterizando a sociedade da aceleração. A *high-speed society*, assim denominada pelo sociólogo Manuel Castells, se constitui em torno à exaltação da velocidade em tudo e em todos. A percepção do tempo veloz afeta as relações de socialização e as amizades podem ser viralizadas pelo individualismo ou contaminadas no processo de banalização dos acontecimentos. As amizades são a esfera social por excelência e esse nicho das relações de livre escolha tem se contraído no atual contexto de indiferença, efemeridade e celeridade.

PARE E PENSE
- Caro leitor, diante da realidade do tempo acelerado, como ficam suas amizades?

Vivemos tempos de um tempo escasso. Parece que o tempo nos foge ao controle. Essa é uma sensação comum a pessoas de todas as idades e já se configura um fenômeno do coletivo. Expressões usuais, como "não tenho tempo", "tudo passa muito rápido", "o tempo voa" são constatações de que o ritmo da vida está acelerado para todos e o tempo se apresenta insuficiente.

Embora as novas tecnologias aumentem a eficiência nas atividades produtivas e levem, aparentemente, a "ganhar tempo", a sociedade da aceleração defronta-se com a contradição de viver um déficit temporal, um "tempo sem tempo". Prevalece a autoconfiança do presente, a cultura do instantâneo, o imediatismo, e a mudança constante é admitida como natural pelo senso comum.

A aceleração passa a ser a exigência de um modo de ser indivíduo e de ser sociedade, um estilo de vida que homogeneíza as representações de tempo. Tudo é para ontem. Esse é o cenário da sociedade em rede com horários, urgências, cobranças, superações, renovadas atualizações, necessidades, inclusive de haver uma "ânsia do tempo" na sociedade de economia informacional.

Vivência

Ouça a música *Paciência* e preste atenção no que diz a letra. Nesta composição de Lenine e de Dudu Falcão, *a vida não para, mesmo quando tudo pede um pouco mais de calma e o corpo pede um pouco mais de alma.*

A simultaneidade dos acontecimentos é uma marca dessa era tecnológica e nos faz experimentar um desempenho insuficiente em tudo o que fazemos. Um contraponto à percepção do tempo escoando rapidamente e a sensação de estar em débito consigo e suas relações sociais é procurar cultivar conscientemente as amizades, e essa ideia deve integrar também o seu Projeto de Vida.

A importância de ter claro um Projeto de Vida, esse horizonte ampliado de direção a seguir, ajuda a otimizar o tempo ao se contrapor à sua passagem acelerada pela renovação constante dos propósitos. Aprendemos a lidar com ele ao propor planos estratégicos de ação para as diversas dimensões de interesses e necessidades da vida.

Não perca esta dica

• Leia o livro de Fabrício Carpinejar: *Amizade é também amor*. São Paulo: Bertrand Brasil.
Conjunto de crônicas com humor e conselhos no âmbito da amizade.

Jogo rápido

Porque há reciprocidade nas relações sociais, viver a dimensão social das amizades requer muita atenção às afinidades, às influências, ao compartilhar nossas fragilidades e potencialidades. Conviver a socialidade dos eleitos na preferência pode ser o mote para manter o Projeto de Vida em seu aspecto prazeroso, daí você avaliar-se de vez em quando para não se deixar enganar entre amigos, colegas e conhecidos: Qual é o meu nível de real convivência? Não se esqueça que ele se altera nas diferentes fases da vida.

Planos de Convivência no meu Projeto de Vida				
Minha vida social – Amizades	**Ações estratégicas a que me proponho**		
	Manter	Melhorar	Mudar
Avaliação das relações de amizade			
Práticas de cultivo das amizades			
Entendimento das diferenças e afinidades com as pessoas			

Data:

Como está a minha situação pessoal hoje?

O que eu posso fazer nesse caso?

Prazo para alcançar resultados animadores:

3.3 Diferença de ritmos no relacionamento afetivo

Ao sair de um supermercado, vejo de relance um *outdoor* anunciando cursos de nível superior. Nada de especial percebo, mas algo me intriga. Detenho-me na imagem: são dois homens e uma mulher; essa, em primeiro plano. Caminham de forma descontraída e sorriem passando comunicação entre eles. Olho mais atentamente e vejo que se vestem de modo formal. São trabalhadores executivos de terno e gravata. Observo o que me chama a atenção naquela foto: a mulher veste traje de corte masculino mais sério que o dos homens, inclusive. Masculinizaram a mulher na publicidade e a mensagem passada é de que cursando a universidade ela compete em igualdade de condições no mercado de trabalho, ainda que a perda aparente de algo próprio – a feminilidade – seja o preço a pagar.

Mulheres trabalharam em todos os tempos. Aqui nos referimos ao trabalho da mulher nas condições de uma sociedade capitalista emergente, como no Brasil. Esse é o trabalho remunerado, o emprego, a necessidade de a mulher lutar pela sobrevivência sua e da família, seja na produção material ou na vasta gama de serviços.

A globalização dos últimos quarenta anos, fenômeno cultural de dimensões mundiais, penetra por todos os poros sociais e arranca as especificidades locais, padroniza os comportamentos, homogeneíza reações e provoca o enraizamento de singularidades no imaginário social. Como depositário do resíduo comportamental produzido em sociedade, o imaginário social ganha expressão mediante manifestações culturais, artísticas, folclóricas e dos meios de comunicação.

Nesse imaginário repousam as identidades construídas pela consciência coletiva. Nele, jovens, adultos e idosos somam com seus iguais e deles se distinguem em exemplos de trabalhadores, pessoas com trabalho ou na falta dele. Assim ocorre em outros âmbitos e o dos relacionamentos afetivos não escapa ao filtro do imaginário condicionado pela cultura.

Voltemos ao *outdoor* mencionado da projeção de uma mulher executiva. O que chamamos de imaginário nada tem a ver com representações ou imagem de, pois ele não existe necessariamente a partir de imagens, nem supõe espelho ou reflexo de alguma coisa, afirma o filósofo Cornelius Castoriadis. Imaginário é uma criação constante, no sentido sócio-histórico e psíquico, de figuras, formas, expressões, que tratam de "algo" e nos "dizem algo" de modo indeterminado sobre situações vividas. A possibilidade de um trabalho da mulher evocada no cartaz é uma obra dessa criação de um coletivo até inconsciente. Poderia ser algo que evocasse uma parceria de afeto ou uma família em seu ambiente ou jovens em viagem com suas mochilas nas costas, ou crianças desnutridas no silêncio do seu sofrimento.

Até que ponto o princípio de realidade manifesta a natureza – a distinção biológica entre homens e mulheres? A partir de onde uma forma histórica de sociedade, como a brasileira, expressa a essência das diferenças? Como a mídia alimenta o universo interpretativo da mulher no mercado de trabalho?

A imagem do *outdoor* passa uma relação dual, como se a sociedade banalizasse essa condição objetiva mediante a fusão, no imaginário social, de entidades reais superdimensionadas: uma mulher, os homens, a vestimenta padrão, a descontração do convívio sob o pano de fundo dos estudos como um tempo já conquistado, dos chefes e seus subalternos, da condição social elevada propiciada por algumas profissões etc.

Um aumento proporcional de mulheres no mercado de trabalho marca sua presença em várias profissões antes redutos do masculino, como advocacia, medicina, arquitetura, engenharia, política. A realidade não mostra a almejada equidade entre os seres humanos. Há um desejo de igualdade, mas desigualdades persistem e até aumentam.

Desigualdades não são inevitáveis, como prega o neoliberalismo. As brasileiras conquistaram direitos com a Constituição promulgada em 1988, sobretudo quanto às políticas públicas, mas os avanços esbarram no preconceito e na discriminação culturais. É importante a questão da mulher na sociedade, mas é importante também tratar a questão da masculinidade com os recortes de raça e de classe social.

A naturalização de muitos preceitos e comportamentos gera violação de direitos, tanto no mundo doméstico como no mercado do trabalho, nos espaços públicos e em outras instâncias sociais, com repercussão sobre a vida privada. Vivemos um tempo de desigualdades no desenvolvimento pessoal e de instâncias coletivas. Esse desequilíbrio de forças expõe um processo de transformação que pode criar respostas também em movimento, pois estamos vivendo o interior do furacão das mudanças sociais em termos de conjugalidade, família e relacionamentos.

As relações sociais vêm mudando acelerada e intensamente nas últimas décadas. Precisamos compreendê-las. Passamos por uma profunda e extensiva revolução tecnológica, que alterou padrões culturais e hábitos de vida, invadindo a esfera da intimidade. Defasam-se as soluções para as necessidades humanas, sobretudo aquelas criadas pelas novas tecnologias, capazes de mudar a forma de viver os relacionamentos afetivos. O exemplo de inserção da mulher no mercado de trabalho apenas nos abre para cenários da grande ambivalência social em que ocorrem hoje os relacionamentos afetivos, postos em valores díspares.

A intimidade coloca-se como questão na Modernidade e têm surgido novas esferas da vida pessoal nos domínios da sexualidade, casamento e amizade. Tem-se relações que não se baseiam no dever social ou obrigação tradicional. Hoje os relacionamentos afetivos independem da instituição casamento e tendem a uma "relação próxima", aquela que existe pela recompensa da própria relação, segundo o sociólogo Anthony Giddens.

A dimensão do relacionamento afetivo é exclusivamente opcional. Sua base é a confiança mútua construída entre os parceiros. Ela implica a procura da intimidade na tentativa de assegurar uma vida significativa longe dos ambientes públicos.

As parcerias do relacionamento afetivo podem ser afetadas pelo ritmo acelerado da vida, seja pelo descompasso dos ritmos pessoais, seja em razão do imediatismo dos acontecimentos, que provoca certa ansiedade comportamental nas relações sociais. A comunicação virtual, os avanços da tecnologia e o excesso de intercâmbio tendem a tornar as relações entre as pessoas mais superficiais e vazias de conteúdo.

Há diferenças básicas de ritmos biológicos e sociais nos relacionamentos afetivos que devem ser levadas em conta. As relações na intimidade vêm sendo confrontadas com novas contingências, como a instabilidade posta na vida material, psíquica e social, em função de uma maior mobilidade no trabalho, de mudanças culturais na divisão dos papéis na família, de uma expectativa de felicidade imediata pautada por valores materialistas, da dificuldade em aceitar um relacionamento comprometido, quando tudo parece ser provisório.

Dada a capacidade de as pessoas agirem e se deslocarem com flexibilidade, de se liberarem mais facilmente de vínculos sociais e com os lugares geográficos, o sociólogo Zygmunt Bauman alerta para o desenho de um novo mapa de desigualdades sociais que se configura no mundo. Nele, a aceleração dos ritmos pessoais e sociais e a extraterritorialidade tornam a simultaneidade, a dimensão primeira da velocidade posta no tempo. Tudo se passa de modo simultâneo, "tudo ao mesmo tempo agora", inclusive os relacionamentos afetivos, que se tornam mais frágeis. A essa vulnerabilidade de laços, Bauman denomina amor líquido.

O relacionamento afetivo é uma necessidade humana e se apresenta muito precocemente nas novas gerações, por elas estarem mais expostas às mudanças nos padrões de comportamento. A complexidade da questão, sua extensão, decorrências e ligações culturais são desafios para aqueles sobre os quais pesa o encargo de repassar esse aprendizado social sem precedentes.

> **Vivência**
>
> Propomos aos parceiros de afeto desenvolverem juntos atividades mutuamente envolventes (recreativas, sociais, intelectuais e outras) e, também, a sutileza e a sinceridade de um elogio, um sorriso, um olhar especial, uma ajuda, a descoberta de uma qualidade a mais no(a) parceiro(a).

A sociedade tem se transformado muito rapidamente com claros reflexos sobre cada uma das dimensões de vida. Há um conhecimento e comportamentos próprios na família, no trabalho, na forma da sobrevivência material, cujas alterações são perceptíveis no conteúdo do mundo da vida.

> **Atenção curiosa**
>
> *O mundo da vida*
>
> O mundo vivido, segundo Schutz, compõe-se de uma consciência, uma espontaneidade, uma experiência, uma socialidade, uma perspectiva temporal e uma vida prática, todas muito específicas.
> Desse modo, o mundo da vida guarda uma tensão própria da consciência, como quando temos consciência do nosso corpo, sua aparência e os sintomas do organismo. Também manifestamos um tipo específico de espontaneidade em certos ambientes, e o exemplo pode ser a espontaneidade própria da vida privada no relacionamento afetivo.

> Uma determinada experiência na vida cotidiana pode ser aquela do consumo de bens, que mudou consideravelmente com a industrialização e o avanço tecnológico, sendo um fator presente nos relacionamentos afetivos. Há no mundo da vida uma forma de socialidade específica de cada esfera vivenciada, como aquela do trabalho profissional, que requer discrição, competência, responsabilidade, hierarquia.
>
> A perspectiva temporal se impõe em todos os âmbitos e um exemplo pode ser a experiência de diferentes fases vividas na esfera familiar, como a infância, a adolescência, a juventude, a vida adulta, a senilidade. Um componente fundamental do mundo da vida é a vida prática; ou seja, um "estar no mundo" intersubjetivo, em interação com outros, por serem fundamentalmente sociais todas as nossas ações.

Vivemos numa sociedade cheia de ambiguidades, em que tudo se torna discutível, passageiro, incluindo a figura do indivíduo como único e indivisível. As pessoas sentem precisar de "uma qualidade de espírito que lhes ajude a usar a informação e a desenvolver a razão, a fim de perceber, com lucidez, o que está ocorrendo no mundo e o que pode estar acontecendo dentro delas mesmas", observa o sociólogo Charles Wright Mills (1972, p. 9) e sugere pensar as mudanças sociais, relativizando-as. Em outras palavras, é preciso analisar os fatos, compará-los, avaliá-los em relação ao que podem trazer para nós e ao conjunto da família, do grupo, da comunidade, da sociedade.

Precisamos nos colocar no cenário. Pessoas do nosso tempo, estamos envolvidas nas grandes transformações sociais em curso, queiramos ou não, mesmo que essas estejam mais aceleradas e intensificadas nos últimos tempos e, por vezes, nos atordoem.

Como tempo e espaço ficam indefinidos, as relações sociais tradicionais se "desencaixam", ou seja, não atendem mais às suas finalidades com sérios reflexos na natureza da vida cotidiana, como observa o sociólogo Anthony Giddens. Por isso, amplos processos sociais causam impactos sobre a pessoa. De certa maneira, eles constituem nosso eu e se expressam mais acentuadamente no relacionamento afetivo. Interrogações e resistências às mudanças marcam o espírito inquieto do nosso tempo, fazendo-nos pensar e avaliar as ações consequentes.

O que eles têm a dizer

Mudanças sociais muito fortes são a marca do nosso tempo. Nas palavras do sociólogo Edgar Morin (1997, p. 182-183), as frestas já estão aparecendo:

> De um lado, uma vida menos escravizada às necessidades materiais e às probabilidades naturais; de outro, uma vida escravizada às futilidades. De um lado, uma vida melhor; de outro, uma insatisfação latente. De um lado, um trabalho menos penoso; de outro, um trabalho destituído de interesse. De um lado, uma família menos opressiva; de outro, uma solidão mais opressiva. De um lado, uma sociedade protetora e um Estado assistencial; de outro, a morte sempre irredutível e mais absurda do que nunca. De um lado, o aumento das relações de pessoa a pessoa; de outro, a instabilidade dessas relações. De um lado, o amor mais livre; de outro, a precariedade dos amores. De

> um lado, a emancipação da mulher; de outro, as novas neuroses da mulher. De um lado, menos desigualdade; de outro, mais egoísmo.

Observa-se forte ambivalência nos fenômenos da realidade social, que apresentam componentes ou valores de sentidos opostos. Nesse aspecto, a formulação consciente de um Projeto de Vida vem a ser um balizador dos relacionamentos afetivos na perspectiva temporal, podendo esclarecer e conter a presença de ambivalentes nessa dimensão.

Ampliam-se os horizontes da ação e existe pressão temporal crescente entre os ritmos internos do ser humano e os ritmos sociais. Vivemos essa polaridade tensional. Pode parecer contraditório, afirma o teólogo Anselm Grün, mas somente quando lidamos de maneira inteligente conosco e com o nosso ritmo interior podemos nos relacionar melhor.

Descoberta de si mesmo

Caro leitor, como cada pessoa é única e tem um ritmo próprio. É preciso reconhecer o seu ritmo pessoal.
- Que tipos de adversidades você enfrenta e resiste?
- Que emoções o abalam?
- Como corrige o ritmo alterado da sua vida?
- Quanto suporta de pressão e competição no seu trabalho?
- Como você encara os imprevistos nos ajustes dos ritmos pessoal e social?

A pressão individual que sentimos ao viver numa civilização do presente estimula a atualidade, segundo o sociólogo Edgar Morin. Tudo se torna novidade e imediatamente perde sua força. O caráter novidadeiro da realidade dá impulso em direção ao tempo real e, na assimilação da velocidade e eficiência pelas empresas e instituições, extravasa para o mundo social atingindo as pessoas. Vem daí a cultura do descartável, possibilitando o se desfazer com facilidade de tudo, mesmo de relacionamentos afetivos tidos como duradouros até então.

Na compulsão de consumir a própria vida, o indivíduo tende a supervalorizar o tempo presente, como se passasse uma borracha no passado remoto e até mesmo no recente, deixando valores de causas maiores esmagados por um futuro que insistentemente bate à porta. Morin denomina hiperindividualismo privado a esse fenômeno. O novo individualismo é a participação do presente no mundo, favorecida pelos meios de comunicação de massa que impõem a fruição do instante.

Dessas transformações aceleradas dos estilos temporais coletivos forma-se uma "cultura do imediato", do tudo para ontem, do tempo instantâneo para as coisas acontecerem. A sensação é a de que o nosso agir perde o sentido, afetando muitas vezes o relacionamento afetivo.

Presente no mundo

A noção abreviada do tempo atual é que devemos tentar deter, como que puxando o freio de mão das horas que escoam.

- Para que sair de casa correndo sem se despedir?

Pare. Volte, sem pressa. Olhe nos olhos de quem fica e coloque alma. Dê um beijo, abrace, faça um afago, passe a mão na cabeça. Diga, então, um adeus com calma.

Temos muitos dons e talentos escondidos, precisamos conhecê-los para libertá-los e melhor canalizá-los. Uma dessas qualidades é praticar a empatia, colocar-se mental e emocionalmente no lugar de outra pessoa, tentar sentir o que ela sente, as dificuldades pelas quais está passando. É possível perceber o outro e seus sentimentos por meio dos canais não verbais: tom de voz, gestos, respeito, expressão facial, até mesmo pelo silêncio.

Empatia é a capacidade de enxergar a vida pelo ponto de vista do outro e compreender a sua realidade sem julgamento. A vida a dois pede a prática da empatia. Tornar-se empático é aumentar o entendimento das situações vividas, é aceitar o que motiva o comportamento do outro.

Teste sua habilidade de exercitar a empatia

Caro leitor, a capacidade de se compadecer e tratar as pessoas como gostaria que o tratassem é generosidade, é grandeza de espírito.

Relembre uma situação vivida de desentendimento, com fortes emoções de disputa, conflito, raiva, desavença, incompreensão e reflita:
- Como foi a minha experiência?
- Entendi por que a pessoa em questão reagiu daquele modo?
- O que aprendi com a situação?

Existem áreas importantes de um relacionamento afetivo honesto que precisam ser conversadas e satisfazer a ambos os parceiros, tais como gastos diversos, tarefas da casa, interferências da família extensiva, sexo, educação dos filhos, gostos diferenciados, trabalho, saúde, valores, atividades sociais, opiniões, amizades e limitações de todos os tipos. O diálogo – saber ouvir e saber falar – propicia um viver consequente, pois alcança o desdobramento das ações.

Teste sua habilidade de viver consequente

Procure estar presente por completo nas conversas, especialmente com seu(sua) parceiro(a). Ouça, reflita, troque ideias, opine sem exaltação ou imposição sobre o que pensa. Avaliem juntos cada situação; por exemplo, a compra de um bem, uma oportunidade de emprego, as despesas domésticas, a intervenção dos pais, a influência dos amigos, a escolha de um curso, o financiamento de um imóvel e outras. Ponderem as possibilidades de solução, antevejam as implicações e tomem decisões de comum acordo.

No processo de comunicação há a simultaneidade para os participantes e se estabelece a dimensão do tempo "ele e eu", o "nós" no compartilhar a vida. Esse é um tempo em comum e explica que registros se atualizam rapidamente e a comunicação flui quando estabelecemos um patamar de igualdade com a pessoa de nosso relacionamento de maior confiança.

Dispor de tempo para ouvir o outro diariamente é fundamental, pois a intimidade depende da comunicação. Esse falar e ouvir não deve se limitar aos eventos comuns do dia, inclui compartilhar os sentimentos e, se houver questões substantivas a enfrentar, devem ser conversadas. Transparência nas ações, cumplicidade e ajuda mútua são essenciais no relacionamento afetivo.

Não perca esta dica

• Leia o livro de Bert Hellinger: *Para que o amor dê certo*. São Paulo: Cultrix.

Ao identificar padrões de relacionamento em casais, Hellinger desenvolve a Terapia de Constelações Familiares.

A habilidade de uma comunicação eficaz ajuda um viver consequente, com vantagens para ambos os companheiros. Comunicar-nos significa expressar com assertividade opiniões, sentimentos, necessidade, desejos, vontade. Num papo, nunca esqueçamos de manter o contato visual, a adequação da nossa linguagem e do tom de voz. A presença física é valiosa na convivência. Manifestemos também disposição para ouvir, sejamos claros e afetuosos, certificando-nos do que foi compreendido pelo(a) parceiro(a). Sempre selar a conversa com um abraço de compreensão.

Vivência

Se não temos vontade de voltar para nossa casa, para o convívio com o(a) companheiro(a) ao fim de um dia de trabalho, precisamos urgentemente rever o relacionamento, reavaliar nosso posicionamento a respeito da construção da confiança e do valor da intimidade compartilhada. Moramos em um local (casa), mas necessitamos habitar um lar (*lar, laris, lareira*/fogo, etimologicamente). Como fazer isso acontecer? Essa transformação requer criar uma atmosfera de atenção e prazer por estarem juntos. Registre três expressões de companheirismo que você vive no relacionamento afetivo, de ambos os parceiros:

1) _____.
2) _____.
3) _____.

As parcerias amorosas, no entanto, também podem ser destruídas pela passividade. As relações de intimidade têm seus próprios elementos de inércia e perduram no dia a dia apenas se os sentimentos de proximidade forem correspondidos por seu valor intrínseco. Esse valor inerente à confiança e intimidade postas no relacionamento afetivo pode ser preservado mediante o Projeto de Vida, que contemple Planos de Convivência saudáveis.

> **> Não perca esta dica**
> - Leia o livro de Gary Chapman: *As 5 linguagens do amor*. São Paulo: Mundo Cristão.
>
> A leitura é um convite para transformar sua vida em um projeto consciente pela via do amor.

Jogo rápido

Em seu Projeto de Vida ganha destaque o cultivo de expressões de companheirismo no dia a dia, pois nele estão implicadas questões delicadas como a intimidade, a confiança mútua, os papéis sociais, a busca da harmonia no convívio. Não esqueça da ação estratégica do diálogo constante para a manutenção do amor: dê um tempo para ouvir o outro e fazer-se escutar, mesmo porque dividem trajetos conjuntos no Projeto de Vida.

Em cartaz
- Assista ao filme *Ruth & Alex*, 2014. Direção de Richard Loncraine. Estados Unidos.

As circunstâncias na venda do imóvel de um casal combinam com a diversidade racial.

Planos de Convivência no Meu Projeto de Vida		
Minha vida no relacionamento afetivo	**Ações estratégicas a que me proponho**	
	Manter	Melhorar	Mudar
Confiança no companheiro(a)			
Atividades realizadas em conjunto			
Satisfação mútua no relacionamento			
Diálogo permanente			
Resultados na entreajuda			

Data:

Como está a minha situação pessoal hoje?

O que eu posso fazer nesse caso?

Prazo para alcançar resultados animadores:

4
Planos de Capacitação
A esfera profissional

Estudar é preciso
Vida de trabalho
A base material da vida

4
Planos de Capacitação

A esfera profissional

Somos hoje testemunhas de mudanças paradigmáticas ainda não percebidas e incompletas, dada a simultaneidade dos acontecimentos em todos os âmbitos da vida e áreas do saber, já constatadas pelo físico Albert Einstein ao observar o tempo.

Vivemos uma realidade paradoxal, mergulhada que está no duplo constrangimento de uma modernidade que não pode recusar e de tradições que a negam, sintoma de uma crise que invade toda a sociedade. Não há avanço de alguns países, de segmentos sociais, de setores econômicos, ou mesmo de indivíduos, sem que outros desenvolvimentos não se concretizem. Há reversibilidade das partes e do todo. A parte envolve a totalidade que ela exprime e vice-versa, por isso somos corresponsáveis em sociedade.

Chamados à reflexividade, os indivíduos transitam em perplexidades, insatisfeitos com explicações que tomam um só lado, pendem para a ideologia dominante, seja na concretude do acontecer ou do pensar sobre. Todo acontecimento é uma intervenção, promessa de transformação, quiçá de emancipação numa sociedade mais igualitária.

Só o autoconhecimento expõe a tarefa de retirar os véus da realidade, inclusive descobrindo suas contradições. Esse é um exercício árduo e constante, pois implica reconhecer a pluralidade de saberes parciais como pontes e convergência de concepções. Precisamos estar ativamente conscientes de todas as implicações do nosso "estar no mundo" com consequência. E elas são, sobretudo, de natureza ética.

Acreditamos que as contribuições para formular um Projeto de Vida requerem interpretações em busca de síntese e, também, maior compreensão da pessoa e seu entorno e menor margem de equívocos. A nossa empreitada de projeção da vida inicia-se pela experiência do apreço aos estudos num aprendizado permanente, pela dedicação à atividade produtiva e instituinte de uma identidade profissional e de dar o devido valor às coisas materiais para a automanutenção. Capacitar-nos passa pela simplicidade, ainda que lidemos sempre com a complexidade. Nos Planos de Capacitação perseguimos a questão:

- Como posso me capacitar ainda mais?

4.1 Viver é preciso, estudar também é preciso

A interdependência entre as dimensões da vida nos aponta com insistência a uma delas, sustentáculo das demais: os estudos. Sem eles não seguimos adiante, pouco realizamos e sucumbimos ao implacável passar do tempo.

Os estudos nos acompanham por toda a vida (ou é a vida que acompanha os estudos?). Não trilhamos esse caminho sozinhos. Haverá sempre por perto um professor, um mestre, um mentor, um grupo de discussão, um livro em qualquer de suas formas para nos orientar. O conhecimento nos chega, mas há que buscá-lo em fontes seguras para alimentar o processo cumulativo do aprender.

Vivência

Diego não conhecia o mar. O pai, Santiago Kovadloff, levou-o para que descobrisse o mar. Viajaram para o Sul. Ele, o mar, estava do outro lado das dunas altas, esperando. Quando o menino e o pai enfim alcançaram aquelas alturas de areia, depois de muito caminhar, o mar estava na frente de seus olhos. E foi tanta a imensidão do mar, e tanto o seu fulgor, que o menino ficou mudo de beleza. E quando finalmente conseguiu falar, tremendo, gaguejando, pediu ao pai: – Me ajuda a olhar!

Neste relato o jornalista Eduardo Galeano nos convida a descobrir os segredos da vida. A cada manhã retomamos a jornada. É possível que estejamos nos esforçando, subindo e descendo montanhas de areia ao sabor dos ventos. Por vezes vivemos a ânsia de chegar ao mar e já sentimos o bafejo da brisa que o aproxima de nós.

Talvez o tenhamos vislumbrado e ficado perplexos. Ofuscados pelo que nos domina, tal qual o menino Diego, ficamos mudos diante de algo que nos desafia, paralisa, mas impulsiona a ação. Como fazer perdurar um estado de alegria por algo que conquistamos? Como agir quando a tristeza nos invade e o mundo nos parece cinzento?

Esses são momentos em que compartilhamos a humanidade e precisamos dizer a quem nos acompanha: – Me ajuda a olhar!

Na história de Diego:
• O que significa o mar para você?
• Qual a sua interpretação dessa caminhada de um pai e seu filho?

Mais do que receber educação, a vida moderna pede para educar-nos. Esse é um processo constante, independente das instituições responsáveis pelo ensino. Mais do que antes, as pessoas são levadas a perceber as mútuas implicações dos fenômenos multidimensionais e a fazer as certezas interagirem com as incertezas.

Educar-nos é um autotrabalho permanente de descobrir e revelar a pessoa que somos, explorando nosso potencial latente. Significa aperfeiçoar-nos moral e mentalmente para fazer escolhas individuais e sociais, capacitando-nos a agir de forma coerente entre o que desejamos, pensamos e fazemos em consonância com nossos valores.

Educar-nos significa nos preparar para uma profissão por meio de uma instrução sistemática, exercitando e formando habilidades que nos farão pessoas melhores. A ação ou o processo de atingir um ou mais desses objetivos é, numa primeira aproximação, o que se pode entender por educação, pensa o sociólogo Alfred Schultz.

Aqui se constata a primordial conquista que são os estudos para as pessoas. Cada um sente isso ao seu modo observando e participando dos acontecimentos do mundo midiatizado, mas não nos deixando iludir ou cegar pelas informações veiculadas. Acumulamos muitas indagações e poucas respostas, daí a necessidade de uma educação continuada aliada a um pensamento crítico e a uma consciência ética.

O processo de aprendizagem é ininterrupto. Estamos sempre aprendendo, mas não apenas o estrito conhecimento intelectual. Nós nos aperfeiçoamos quando tomamos decisões, estabelecemos prioridades, fazemos pequenas conversões/mudanças, agimos com responsabilidade nas diferentes dimensões da vida.

Os indivíduos tornam-se sujeitos quando experimentam as diversas relações sociais, inclusive aquelas no âmbito do trabalho, como necessidades e interesses que contêm antagonismos. São sujeitos de sua vida aqueles que tratam essa experiência histórica em sua consciência e cultura de modo a agir sobre situações determinadas. Esse é o pensamento do historiador Edward Thompson em relação à participação como cidadãos.

Indivíduos são sujeitos por protagonizarem sua vida no tempo de sua passagem.

Práticas cotidianas, fundadas na relação com o ocasional, concebem um tempo acidentado, admitindo que nem tudo pode ser previsto. Programamos nossas atividades, planejamos ações, mas há que deixar espaço mental (atos do pensamento) para o imprevisto, aprendendo a lidar com um tempo conturbado que nos tira do "tudo certo" e do "definitivo".

O "eu estou sendo" torna-se realidade operacional num tempo apressado, para viver essa cultura do imediato sem perda da substância pessoal. Embora sejamos seres transitórios, nossa identidade de sujeitos está ligada à ideia de permanência no tempo; estamos fixados na duração, na regularidade dos acontecimentos, por mais breves que sejam.

Descoberta de si mesmo

Penso, logo existo (no latim: *Cogito, ergo sum*).

Caro leitor, como você traduz com criatividade este pensamento de René Descartes, expresso originalmente em francês (*Je pense, donc je suis*)?

Espaço e tempo são formas mentais fundadoras da realidade por se anteciparem à sua percepção. O tempo é a condição primeira de todos os fenômenos, o sentido interno, a intuição de nós mesmos e do nosso estado interior, pensa o filósofo Immanuel Kant.

Pelo elevado nível de abstração, a noção de tempo comumente utilizada resulta de uma longa aprendizagem, que é o inconcluso processo de civilização. O processo civilizatório afastou a percepção do tempo de uma concepção autoevidente e com autonomia, na medida em que reconhece existir uma coerção da instituição social do tempo de fora para dentro. Essa submissão ao tempo, segundo o sociólogo Norbert Elias, provoca uma autodisciplina.

A regulação social do tempo é típica do homem moderno que, de modo individual, desenvolveu uma sensibilização crescente à assimilação de normas sociais como sendo parte de sua própria natureza. Ao desenvolver um "sistema de autodisciplina", o processo civilizador provoca a formação de *habitus* sociais – ou seja, maneiras de agir e sentir compartilhadas com outros –, que se integram na personalidade e delineiam um comportamento racional próprio.

Presente no mundo

Caro leitor, essa racionalidade moderna impregna nosso agir, por isso quando estudar lembre-se:

- *Reserve um tempo* para seu estudo; aprendemos nas mais diversas situações.
- *Procure um lugar apropriado* à sua disposição de aprender.
- *Concentre-se* no que está fazendo (lendo, ouvindo, vendo, experimentando).
- *Anote as ideias* que se destacam, as do autor e as suas; tenha à mão um bloco de papel ou seu tablet.
- *Dialogue mentalmente com o autor* da narrativa (texto, fala, filme, imagem).
- *Registre o que lembrou* de ser feito, transferindo para uma folha de papel à parte as preocupações extraestudos.
- *Referencie a fonte* de seu estudo (quem, o que, quando, onde, de que modo).
- *Arquive suas anotações* com títulos apropriados ao conteúdo estudado.

Autodisciplina e aquisição de hábitos eficientes em relação aos estudos e capacitação são processos que exigem persistência no lidar com as obrigações do dia a dia, novas demandas e mudanças. Os estudos do sistema educacional favorecem esse *upgrade* constante da vida pois, afinal, grandes transformações ocorrem de dentro para fora.

O que eles têm a dizer

A pipoca

A pipoca é um milho mirrado, subdesenvolvido. [...] houve alguém que teve a ideia de debulhar as espigas e colocá-las numa panela sobre o fogo [...]. Repentinamente os grãos começaram a estourar, saltavam da panela com uma enorme barulheira. Mas o extraordinário era o que acontecia com eles: os grãos duros, quebra-dentes, se transformavam em flores brancas e macias, que até as crianças podiam comer. [...] Milho de pipoca que não passa pelo fogo continua a ser milho de pipoca, para sempre. Assim acontece com a gente. As grandes transformações acontecem quando passamos pelo fogo. [...] O fogo é quando a vida nos lança numa situação que nunca imaginamos. Dor. Pode ser fogo de fora: perder um amor, perder um filho, ficar doente, perder um emprego, ficar pobre. Pode ser fogo de dentro: pânico, medo, ansiedade, depressão – sofrimentos cujas causas ignoramos. Há sempre o recurso aos remédios. Apagar o fogo. Sem fogo o sofrimento diminui. E com isso a possibilidade da grande transformação.
Imagino que a pobre pipoca, fechada dentro da panela, lá dentro ficando cada vez mais quente, pense que

> sua hora chegou: vai morrer. De dentro de sua casca dura, fechada em si mesma, ela não pode imaginar destino diferente. Não pode imaginar a transformação que está sendo preparada. A pipoca não imagina aquilo de que ela é capaz. Aí, sem aviso prévio, pelo poder do fogo, a grande transformação acontece: PUF! – e ela aparece como outra coisa, completamente diferente, que ela mesma nunca havia sonhado. [...]. Piruá é o milho de pipoca que se recusa a estourar. [...] Piruás são aquelas pessoas que, por mais que o fogo esquente, se recusam a mudar. Elas acham que não pode existir coisa mais maravilhosa do que o jeito de elas serem. [...] A sua presunção e o seu medo são a dura casca do milho que não estoura. O destino delas é triste. Vão ficar duras a vida inteira. Não vão se transformar na flor branca macia. Não vão dar alegria para ninguém (ALVES, 2017).

PARE E PENSE

Estabeleça um paralelo entre as ideias do educador Rubem Alves e o processo de construção da própria vida, como propõe o sociólogo Ulrich Beck.

Mudanças de comportamento, de hábitos e empenho na solução de problemas em todos os níveis e áreas, geralmente têm foco na coletividade, embora predomine a tendência individualista. Dedicar-se aos estudos é transformar-se continuamente e predispõe a um futuro realizado. Estudar é uma decisão. O viver consequente, além do conhecimento que os estudos trazem, é o questionamento aos esquemas habituais de ação, é um "estar no mundo" não alheio aos problemas, buscar respostas, abordar a realidade de forma nova, idealizando algo e projetando a vida.

> **Atenção curiosa**
>
> *Hábitos*
>
> Os hábitos parecem se destacar como ações bem definidas, mas neurologicamente, se classificam ao longo de um *continuum* do comportamento. Numa das extremidades dessa "linha" está aquilo que pode ser executado quase que automaticamente, liberando espaço no cérebro para atividades diversas – escovar os dentes se enquadra aí. Do outro lado estão os que podem exigir muito tempo e energia – como a edição deste texto que você lê agora ou, ainda mais, falar em público, caso a pessoa não esteja acostumada a isso. Os hábitos surgem naturalmente ao explorarmos ambientes físicos e sociais e entrarmos em contato com o que sentimos. Experimentamos comportamentos em contextos específicos, descobrimos que parecem satisfatórios e não muito dispendiosos e, depois, nos comprometemos com eles, formando rotinas. Por exemplo, se uma pessoa começou a roer as unhas em momentos de ansiedade e isso lhe trouxe um conforto imediato, é bastante provável que incorpore esse comportamento (GRAYBIEL; SMITH, 2015, p. 34-41).

Em menos de um século passamos por uma profunda e extensiva revolução tecnológica, que alterou padrões culturais e hábitos de vida. Inusitadas formas de ação, reação, resistência e interrogação às mudanças marcam o espírito inquieto do nosso tempo, fazendo-nos pensar, avaliar e posicionar-nos.

Toda mudança envolve algum tipo de risco, requer ousadia, mas ficar onde está também envolve – especialmente se estivermos falando de sonhos! Vale a pena dar asas aos nossos sonhos e estudar para conseguir realizá-los. Esse desafio à capacidade de mudança no ser humano se torna uma verdadeira ação estratégica para os planos nas diversas dimensões da vida. Procure avaliar as consequências do que pretende ser e fazer, concentre-se em agir e acredite que conseguirá o resultado que deseja, pois é provável que supere suas expectativas.

Presente no mundo

Desculpas que nos damos quando adiamos nossos sonhos

> Uma desculpa é a simples "eu tenho medo", que a gente acaba confessando só lá no fundo, pra gente mesmo. É normal ter medo! De verdade. Porém, não deixe que esse medo paralise você. Como eu comentei na desculpa anterior, muitas vezes estamos trocando algo muito melhor pela situação em que nos acomodamos agora. Use o medo como parâmetro para decisões bem pensadas, mas de nada adianta decidir sem agir (GODINHO, 2014).

Para os indivíduos se tornarem sujeitos em ação basta exercerem o poder de decisão. Os processos cognitivos mais elevados, como os que proporcionam a tomada de decisões, são funções superiores e se originam na área pré-frontal do cérebro. Quem procura se conhecer faz experiência de si no enfrentamento das situações, e os atos de rotina, em parte planejados, são instrumentos para realizar nosso Projeto de Vida.

> **PARE E PENSE**
>
> Você já ouviu esse diálogo?
> – O que você toma para ser feliz?
> – Eu tomo decisões.
> Ou seja, escolhe entre as alternativas que se apresentam e projeta o seu futuro. Essa é sempre uma experiência única.

Gastamos energia decidindo e mais ainda se ficarmos indecisos diante das coisas, dos fatos, das pessoas com quem convivemos na família, no trabalho. A neurociência explica a incapacidade do cérebro em estabelecer prioridades, o que torna difícil nossas tomadas de decisão, principalmente as sérias, as decisivas. Essas são um grande desgaste emocional às vezes: escolher um curso, optar por uma vaga no emprego, desistir de uma amizade de má influência, comprar algo fazendo uma dívida.

Teste sua habilidade de tomar decisões

Fazemos dezenas de tomadas de decisão durante um dia. São microdecisões, é verdade, mas implicam estabelecer prioridades para nossas mínimas escolhas, tipo: *Levo guarda-chuva ou não? Vou ao cinema ou fico estudando? Sento-me à direita ou à esquerda? Sorvete de baunilha ou de morango?*

- Em relação à esfera dos estudos, quais foram as suas decisões recentes?

Atenção curiosa

Decisões

É recomendável nos habilitarmos em tomar decisões cuidando de alguns detalhes:
- *Sempre se pergunte: isso me satisfaz?* Vá pelo mais simples e responda ao seu gosto. Ouça o seu coração na escolha de um filme, uma música ou decidindo fazer um novo curso.

> - *Não amplie o leque de opções.* Limite suas preferências. Você não precisa de todas as cores de canetas se vai escrever com uma só. Escolha se profissionalizar e especializar de acordo com a área de estudos que aprecia.
> - *Consulte alguém com mais experiência,* um mentor, um especialista, mas decida pela sua opinião. Pondere, se for o caso, a sua situação financeira na aquisição de um novo bem, como um equipamento eletrônico e troque ideias com amigos, familiares, professores. Conversar nos acrescenta.

O sociólogo Zygmunt Bauman observa que o problema não é o que fazemos, mas quão efetivas são as nossas ações. Fazemos em períodos curtos muito mais coisas do que nossos antepassados, como viajar, mandar mensagens, produzir ou consumir objetos e serviços. Mas, nos perguntamos acerca da eficácia de todas as ações que desencadeamos? Aqui, talvez resida parte do estresse da vida moderna. A possibilidade de escolher como usar o próprio tempo é fundamental para atingir objetivos. Sentir-se capaz de tomar decisões em relação à própria vida é ainda mais importante.

A vida é relativamente curta e a passamos quase sem perceber, ora por estarmos atrás de objetivos imediatos, ora respondendo aos apelos de sobrevivência que nos cegam, ora ocupados demais em busca da felicidade. Na correria, vamos abandonando alguns dons sem lhes dar importância, como que nos desfazendo de uma bagagem sem saber o seu conteúdo.

Descoberta de si mesmo

• Você não quer descobrir depois de alguns anos que seus dons tinham valor, inclusive de cura dos males da alma, quer?

Pois então, caro leitor, procure se conhecer melhor e veja por quais talentos você suspira. Postos em ação, eles externalizam suas potencialidades.

O que é um talento, afinal? É aquilo para o qual você nasceu, algo que lhe dá prazer em ser, fazer, conectar-se com o mundo e com você mesmo. Saber quais são as suas tendências e possibilidades é importante para a realização pessoal.

Nossos talentos não são apenas habilidades que demonstramos e nos trazem alegria em realizá-los, são muito mais quando se expressam em dons que cultivamos, como o dom da vida, da fé, da saúde, da perseverança, da inteligência, do amor (relacionamento, filhos, família), do equilíbrio (emocional, orgânico, financeiro), das amizades (o compartilhar, as afinidades), da empatia (a prática do bem, não ter preconceitos), da determinação.

Muitas vezes, nosso "eu" se fragmenta em interesses e padece da falta de consciência da importância da vida. Nessa ideia estão implicados o passar da vida, o desperdício dos nossos dons e a busca por algo benfazejo, como se tudo e todos à nossa volta pudessem se transformar num passe de mágica. Crença vã. Preste atenção para não ser indeciso na resolução até de pequenas questões e nem deixar de valorizar o que realmente lhe acrescenta.

Vivência

Liste 3 qualidades que você sabe serem suas. Numere-as de 1 a 3, conforme sua preferência e importância. Por exemplo, acho que sou uma pessoa organizada no dia a dia; então, por que não me disciplino e vou à academia?
   Para cada uma de suas inclinações de ser, proponha uma forma de expressão para colocá-las em prática.

_____ – _____.

_____ – _____.

_____ – _____.

Em cartaz
- Assista ao filme *Mãos talentosas – A história de Ben Carson*, 2009. Direção de Thomas Carter. Estados Unidos.

A vida do neurocirurgião Ben Carson é uma lição de determinação e disciplina.

A busca de conhecimento é um processo inacabado e, por isso, desafiador. Despertar e satisfazer a curiosidade prepara o espírito investigativo para o saber. Há que se desenvolver o gosto pelos estudos. Estudar é sempre uma empreitada ousada. O que se quer são explicações para a realidade de ontem e de hoje, mas principalmente compreensão do mundo e da própria existência.

Buscamos a nós mesmos quando procuramos respostas a questionamentos. Queremos saber mais. Vivemos em permanente mudança, e a mudança social é a permanência. A transição que caracteriza todas as crises, individuais e sociais, tem intrigado pensadores de todas as épocas. Não basta conhecer por conhecer. É preciso um conhecimento que nos direcione para a responsabilização de sermos sujeitos que transformam e são transformados pela sociedade, graças ao conhecimento que produzimos e reproduzimos.

As leituras nos ajudam a indagar e a fazer falar a realidade pessoal e social. Você verá, no entanto, que não há uma única forma de ver e interpretar a realidade. Então, como estudar? Ler é fundamental. A leitura é uma das primeiras ações. Leia sempre, se interesse pelas temáticas de seus estudos regulares e pelos assuntos que pululam na mídia. Leia livros, artigos, textos em qualquer de suas formas, física ou digital, que discutam com fundamento o assunto que você enfoca, sempre buscando fontes sérias e confiáveis.

As imagens povoam o mundo, absorva-as. Desenvolva suas ideias a partir da provocação de autores clássicos e contemporâneos de todas as ciências e gêneros literários. Ao ler um texto, procure identificar o foco, os conceitos trabalhados, as informações dadas e os fatos analisados. Estabeleça relações com o que você sabe e entre as interpretações para determinado assunto pelos diversos meios e fontes de conhecimento. Tem-se vários olhares sobre uma mesma realidade.

O seu conhecimento deve ser um saber contextualizado, que avalia as condições que provocaram os fenômenos de natureza física, social ou pessoal. Procure levantar dúvidas e tecer críticas, socializando-as nos círculos de amigos e redes sociais para aprender a argumentar e a respeitar as ideias alheias. Descubra o quanto é fascinante avançar no conhecimento ao ressignificar os conteúdos a partir de experiências históricas pessoais e coletivas. A realidade social é surpreendente, sua especificidade está em ser subjetiva e objetiva, ao mesmo tempo. Ela é produto dos homens associados e, esses, são produtores desse coletivo, que não se sujeita a verdades absolutas.

Os estudos agregarão à sua experiência uma visão de mundo coerente com a ideia-ação de que a vida é uma construção individual e coletiva, expressão da sua presença no mundo, capaz de respeitar a diversidade de povos e culturas e portar a conquista de direitos. Por essas razões, os estudos são uma dimensão necessária e importante em seu Projeto de Vida.

Não perca esta dica

- Leia o livro *O diário de Anne Frank*. Rio de Janeiro: Record.

Relatos de uma adolescente, cuja família viveu escondida durante a ocupação nazista nos Países Baixos.

Jogo rápido

Estudar é uma decisão com vistas ao ser do amanhã. É um verdadeiro autoinvestimento de tempo, dedicação e recursos para grandes transformações e enfrentamento das mudanças sociais e pessoais. Nesta dimensão, as ações visam as conquistas, enquanto as estratégias partem do conhecer os seus talentos para desenvolvê-los.

Planos de Esperança no meu Projeto de Vida			
Minha vida de estudos	Ações estratégicas a que me proponho		
	Manter	Melhorar	Mudar
Quanto tempo por semana eu dedico aos estudos?			
Qual área de conhecimento me atrai?			
Como me organizar melhor para estudar?			
Hábitos que preciso mudar/adquirir			
Conheço meus talentos?			
O que mais me agradaria fazer?			

Data:

Como está a minha situação pessoal hoje?

O que eu posso fazer nesse caso?

Prazo para alcançar resultados animadores:

4.2 Vida de trabalho – Um tempo que nos consome e nos projeta

O trabalho nos transforma, age sobre a mente, mobiliza sentimentos, realiza-nos, deixa marcas em nosso corpo, afeta-nos psicologicamente. Tudo depende de como nos relacionamos com o trabalho: do sentido que tem para nós, de quanto a ele nos subjugamos ou dele dependemos, material e subjetivamente, conforme o que valorizamos e necessitamos. Acompanhar suas mudanças e/ou a elas resistir é uma escolha que precisamos fazer. Por isso, a dimensão do trabalho requer um bem pensado Projeto de Vida.

O âmbito do trabalho detém particularidades porque nele as relações são comandadas por "tempos próprios": trabalho/não trabalho, educação/qualificação, novas tecnologias/inovações organizacionais, ambiente/dimensão espacial, duração da jornada/remuneração, produtividade/rentabilidade, vida ativa/aposentadoria, saúde/doença. Essas particularidades determinantes de fases da vida mostram quão essencial é a dimensão do trabalho, não apenas como forma de ganhar a vida material e atender as inúmeras necessidades humanas em sociedade, mas, sobretudo, por ser o trabalho um meio de crescimento pessoal que traz satisfação para expressar a si mesmo e estabelecer relações de complementaridade e desenvolvimento com outros e o mundo.

Descoberta de si mesmo

Trabalhamos por uma série de razões, mas geralmente minimizamos o desgaste físico e mental no trabalho, embora desabafemos em muitos momentos: "Ufa, estou exausto!" "Preciso de umas férias!"

- Você já pensou quão valiosa é a sua saúde, caro leitor, para poder continuar produzindo e vivendo do seu trabalho?

Tempo e trabalho formam uma relação-chave no entendimento da mudança social. As constantes variações históricas, culturais, econômicas, ambientais faz condições de vida e espacialmente distribuídas confirmam que trabalhar faz parte da vida. Se trabalho é ação de natureza física, mental e social, e tempo é movimento, quais são os parâmetros dessa relação? A sociedade capitalista em que vivemos parcela o tempo e o torna uma moeda de equivalência, ou seja, o tempo de trabalho. Ela institui, de modo explícito e indissociável, o tempo identitário e o tempo imaginário no âmbito do trabalho.

O primeiro é o tempo de demarcação de um fluxo mensurável, uniforme, quantificável, rotineiro de atividade laboral, criando identidade do trabalhador com aquilo que faz. O segundo é o tempo de significação social do trabalho, representado pelo progresso e o crescimento material. Assim, a conquista da natureza, a acumulação de riqueza e bens produzidos, a racionalização técnica e o avanço tecnológico são uma construção social pelo trabalho. Decorre daí o estabelecimento de limites temporais caracterizadores de fases do desenvolvimento das forças produtivas, que incluem o modo de organização do trabalho.

A relação entre trabalho e tempo, no entanto, não se resume ao tempo do trabalho, à sua jornada, pois ela o extravasa. O trabalho invade todos os poros da vida individual e social numa mobilização constante das capacidades cognitivas e sociais. Isso supõe uma forte implicação subjetiva, afirma o filósofo Pierre Lévy (2015, p. 18):

> não basta mais identificar-se passivamente com uma categoria, uma profissão, uma comunidade de trabalho; é necessário engajar a singularidade, a própria identidade pessoal na vida profissional. É preciso essa dupla mobilização subjetiva, bastante individual, de um lado, mas ética e cooperativa, de outro.

PARE E PENSE
• Como é o tempo vivido no seu trabalho, caro leitor?
• Acha tempo para cuidar de você como pessoa, que tem sonhos, planos, desejo de desenvolver os seus talentos?

O tempo é calculado na lógica do capital e, por ser programado, se antepõe àquele não sujeito à organização técnica da produção, o chamado tempo livre. O historiador Michel de Certeau nos mostra que o tempo ganha significado social como um objeto de troca, um fator de equivalências para remunerar o trabalho. Mas, a temporalidade capitalista prima pelas recorrentes rupturas, catástrofes, revoluções, crises.

Crise é sempre uma transição no intenso processo de mudança de condições de um período de desenvolvimento e só pode ser apreendida pelos seus efeitos; sendo de natureza econômica, provoca sérios reflexos sociais, como o empobrecimento da maioria da população. Crises recentes podem ser imputadas ao neoliberalismo que, enquanto ideologia política apoia o poder do Estado protetor das instituições financeiras, incentiva a atividade econômica articulada mundialmente, promove o excesso de capacidade produtiva e de trabalho, estimula novas formas corporativas, que migram em busca de mais lucro e do trabalho disponível de baixo custo.

Persiste a crise que domina o mundo do trabalho com a emergência do novo paradigma tecnológico de produção. É a face social da crise econômica. Conjunturas de crise têm provado ser o trabalho tanto fonte de proteção pelas leis quanto de insegurança e vulnerabilidade do trabalhador. Oscilando entre esses polos, o trabalho é uma categoria fundamental para se compreender a organização da sociedade.

A falta de garantias ao trabalho (posições sociais, hierarquia, sobrevivência humana), a incerteza (em relação à estabilidade futura) e a insegurança (do corpo, do indivíduo, de suas extensões, como posses, comunidade) configuram a precariedade, a instabilidade e a vulnerabilidade no âmbito do trabalho. Multiplicam-se, no cenário da desregulamentação do trabalho, os contratos de curto prazo ou mesmo a ausência deles, situações desprovidas de proteção legal ao trabalhador com emprego e aqueles sem emprego. Essa situação precária no mercado de trabalho atinge parte considerável dos trabalhadores e responde pelo caráter permanente da crise social, já considerada normal à reprodução do capital em nossa época, argumenta o filósofo István Mészáros.

Não perca esta dica

• Leia o livro de Richard Sennett: *A corrosão do caráter – Consequências pessoais do trabalho no novo capitalismo*. Rio de Janeiro: Record.
A flexibilidade do tempo de trabalho trouxe desapego temporal e tolerância à fragmentação das atividades.

Hoje, as relações de trabalho (trianguladas entre o empregador, o trabalhador e o Estado) atendem a um espectro amplo de situações desiguais: por um lado, empregados contratados, estáveis, polivalentes, bem remunerados, capacitados e, por outro, trabalhadores que entram e saem das empresas para tarefas determinadas em projetos breves, desprotegidos das leis trabalhistas muitas vezes. Reinam a instabilidade no emprego, a precariedade, a rotatividade, a desqualificação, o mito da qualificação contínua, a responsabilização do indivíduo pelo próprio fracasso.

Essas e outras injunções levantam aspectos da capacidade humana de trabalho contida em tempos parcelados, rápidos, impostos pela razão econômica e pelo culto da urgência, que lhe é funcional. Daí, comumente ouvirmos expressões como "não posso perder tempo", "usufruir o tempo", "fazer para ontem", "vivo para trabalhar".

> **Não perca esta dica**
> - Leia o livro de Byung-Chul Han: *A sociedade do cansaço*. Petrópolis: Vozes.
> Nova forma de organização coercitiva, a violência neuronal, torna as pessoas cobradoras de suas próprias ações, aumentando doenças como a depressão e o *burnout*.

O tempo oferece-nos a capacidade de pensar globalmente, provando que as dimensões social, econômica, política e da cultura não se separam. Norbert Elias avança a ideia de tempo social formulada pelo sociólogo Émile Durkheim, em 1912, para quem o caráter normativo do tempo teria um valor estratégico para a integração e a coesão sociais. A função social do tempo seria a de ordenar a regularidade dos acontecimentos, como festas, celebrações, cerimônias públicas, o fazer laboral compondo um "tempo total" comunitário do nascer e do morrer, do plantar e colher, da atividade e do descanso.

A vida de trabalho tem hoje na incerteza do presente uma força individualizadora muito forte, por estarem enfraquecidos os laços de formas de solidariedade. Característica do tempo real e do mercado, o princípio da instantaneidade impõe um tempo global, único e simultâneo, que individualiza as condutas. Parece que o mistério do tempo, que os homens intuíam de longa data, tornou-se mais denso. Somam-se à exigência capitalista de economizar tempo, que o faz equivaler ao lucro e precariza as ações, o individualismo e a urgência do agir produtivo, a homogeneização econômica e cultural do processo de globalização. Distingue-se nesse processo a intensa adoção de novas tecnologias a intermediar o homem e suas atividades.

A relação entre globalização e o ingresso das tecnologias de informação em todos os âmbitos transforma o tempo virtual da rede em uma nova referência social, inclusive no trabalho. Tem-se, então, o processo de flexibilização da produção material e do trabalho, que se tornam mais flexíveis e enxutos, podendo realizar tarefas simultâneas com a adoção de equipamentos. No trabalho flexibilizado, seus vínculos abrigam formas variadas de contratação, menor proteção pela legislação trabalhista e jornadas mais indefinidas.

O teletrabalho apresenta-se como a flexibilização por excelência, ao provocar alterações não apenas no local do trabalho, também nas formas contratuais, no horário e no tempo de trabalho. O teletrabalho é uma modalidade de trabalho que emergiu com os computadores, a internet e a disseminada telefonia móvel. O *home office*, por exemplo, generalizou-se com a pandemia de covid-19, a partir de 2020 em todos os setores econômicos, no mundo.

Se ao teletrabalho são agregadas desvantagens, como a substituição das relações humanas, pessoais e diretas, por relações à distância mediatizadas pelas tecnologias de informação, o isolamento no assalariamento e as possibilidades de reivindicações, as dificuldades de avaliação do trabalho e, sobretudo, o estabelecimento de limites claros entre tempo e espaço privados e públicos, também se sobressaem vantagens, como a liberdade na escolha dos horários de trabalho e poder trabalhar em domicílio.

Trabalhadores, especialmente dos serviços, preferem o teletrabalho em relação ao presencial pela possibilidade de conciliar a vida pessoal com a profissional e a otimização/eliminação do tempo de deslocamento. Estudos mostram que a produtividade aumenta, principalmente em atividades eminentemente intelectuais que exigem concentração, além de o ambiente do lar ser mais confortável e descontraído do que o corporativo/institucional.

O teletrabalho pode dar mais autonomia ao trabalhador criando relações profissionais com confiança e independência, desde que haja abertura da parte da gestão e senso de responsabilidade por parte do trabalhador no cumprimento de metas, por exemplo. Se por um lado, o teletrabalho atenua a sensação de controle, por outro lado, têm surgido formas de monitoramento da atividade laboral, que reforçam a vigilância ao trabalhador.

A flexibilidade trouxe benefícios aos trabalhadores, mas levou-os a trabalhar mais horas em *home office,* quando não conseguem organizar bem os horários de trabalho e os horários pessoais, ou tenham dificuldade em partilhar os espaços, conciliar as atividades domésticas e administrar as relações familiares, que podem interferir no trabalho (barulho, interrupções, conflitos).

Mudaram os hábitos de vida em relação ao trabalho, esfacelando a confortável visão de uma carreira única, duradoura, ascensional, estável no mesmo emprego. Talvez seja esse o seu caso, caro leitor. Você já trabalha por projetos? Trabalha de forma autônoma? É um trabalhador terceirizado? Está entrando agora no mercado de trabalho? Ou precisa se reinserir no mercado? Está escolhendo uma profissão ou se preparando para exercê-la? Quantos nem conseguem parar de trabalhar para poder sobreviver!

O ambiente de trabalho, a capacitação para o exercício da profissão, a competição no mercado, as mudanças no processo de organização produtiva, o trabalho em equipe, fazem do trabalhador um solucionador de problemas, não apenas os técnicos, também os organizacionais e de relações humanas.

Teste sua habilidade de resolução de problemas

Diante de uma situação de avaliação do trabalho em grupo, por exemplo, colocam-se diferenças de desempenho e tratamento desigual:
- Como você reage no contexto da organização (hierarquia e *staff*) diante de situações adversas?
- Você sabe lidar com os sentimentos seus e dos outros? É habilidoso na comunicação, respeita os princípios das relações interpessoais?

Produção e trabalho são tomados como sinônimos na medida em que somos produtores de bens, de ideias, de organização. Somos, também, consumidores desse tempo que nos consome a vida. Vivemos, enquanto trabalhadores, capturados pelo tempo, o qual se esvai rapidamente no cumprimento de tarefas, batimento de metas, busca de resultados.

Há um processo de absorção do tempo produtivo no cotidiano, quando a lógica da produção passa a reger a vida. Isso dificulta lidar com o tempo no trabalho, o trabalho no tempo e o tempo da vida, ainda mais quando é flexibilizado o tempo de trabalho. Para o escritor Guy Debord há uma apropriação do tempo que transforma o trabalho em seu espelho, em termos de ritmos, tarefas ou mesmo pró-atividade constante, como a dos *workaholics* que, viciados em trabalho, laboram compulsivamente.

Vivemos em função do trabalho. O trabalho ocupa um espaço deveras dilatado em nossa vida. O envolvimento *full time* no trabalho tem muitas razões. Mudaram as condições em que ele acontece. Mediante as novas tecnologias, o trabalhador está literalmente "plugado 24 horas" às obrigações laborais, o que aumenta o grau de responsabilização sobre as tarefas executadas e o disponibiliza integralmente ao serviço da empresa.

Descoberta de si mesmo

Caro leitor, avalie o papel e o espaço do trabalho no seu ritmo de vida:
- Vivo o trabalho como uma superdimensão?
- O que a esfera do trabalho significa no meu Projeto de Vida?

Na chamada *network society*, o sociólogo Manuel Castells refere-se a um movimento que se perpetua no tempo, como se a vida do homem contemporâneo se resumisse a um estar em atividade constante, um *continuum* de ações sempre produtivas. Esse espaço de fluxo corresponde à sociedade conectada, na qual uma estrutura de redes de informações processadas eletronicamente com o uso da tecnologia da informação e telecomunicação provoca o interagir e o compartilhar ideias e conhecimentos. A informação se torna o produto do processo produtivo comandado pela inteligência artificial. Em qualquer área de atividade, uma parcela significativa dos trabalhadores não pode mais viver sem tecnologia, ainda que domine apenas o necessário desses recursos para desenvolver o seu trabalho.

PARE E PENSE

A pressão imposta e a luta pela sobrevivência fazem com que as pessoas se voltem exclusivamente para o trabalho, tendo pouco tempo para si e para os outros. Por esta razão, a vida pessoal e o desenvolvimento dos talentos, a família e os amigos tendem a ficar em segundo plano.
- Caro leitor, você adere a esse tipo de conduta?

Lembre-se de quão importante é o equilíbrio entre as ações das diferentes dimensões para uma vida harmoniosa.

Seja qual for o tipo de trabalho que executamos, ele invade nossa privacidade, controla e reduz nosso descanso, interfere nas outras atividades. Lutamos para ter um tempo livre e, paradoxalmente, só podemos usufruir dessa liberdade se tivermos um trabalho formal remunerado, com garantias, em que possamos ter respeitado o descanso periódico, as férias e uma aposentadoria digna. Mudanças na legislação trabalhista, na organização das empresas, na composição do mercado de trabalho exigem adequações da parte do trabalhador a ritmos, formação, recursos e condições para trabalhar.

A aceleração temporal, aquela da percepção do tempo cada vez mais rápido, própria de uma sociedade de economia tecnologizada, impõe a necessidade de novos critérios de produtividade para o trabalho que extrapolou o seu âmbito, uma vez que muitos trabalhadores estão disponíveis para a empresa a qualquer hora mediante os infomeios. A maior parte do tempo é despendida com atividades ligadas ao trabalho e apenas um tempo devido é dedicado aos cuidados com a vida (saúde, atividades físicas, família, casa e outros) e atividades sociais e/ou de lazer.

Descoberta de si mesmo

Você já teve a sensação de ter que fazer tudo para ontem, caro leitor? Experimentou a possibilidade de não poder cumprir a agenda de trabalho?

Constatada a jornada estendida, o trabalho acrescido invadindo o tempo pessoal, essa prática é considerada própria do trabalho, visto que toda profissão é assim, ou que o trabalho é mesmo exigente. Na verdade, o indivíduo assimila a naturalização dessa realidade de uma forma autoimposta. Se vivemos assim, cabe a elaboração de um Projeto de Vida para melhor aproveitar o tempo de vida no trabalho e usufruir a realização pessoal que o trabalho proporciona.

Na intrincada corrente do tempo passado, do presente e do futuro, desenham-se tendências às carreiras profissionais que levam em conta o desenvolvimento técnico e os avanços tecnológicos, as demandas ambientais e as interações humanas.

No trabalho, o exercício de uma profissão tem demonstrado que às engenharias agregam-se conhecimentos das ciências humanas e sociais; à evolução da medicina estão atreladas ferramentas da inteligência artificial, mas não pode perder o contato humano; a área do direito diversificou-se em razão de questões mais complexas trazidas pela tecnologia e seu uso nas relações sociais, familiares e empresariais; no âmbito da economia não bastam cálculos matemáticos prospectivos, impõe-se a responsabilidade social aos impactos sociais e ambientais das decisões econômicas; a educação se projeta como a área do desenvolvimento do ser humano por excelência, capaz de se reinventar para dar ao aprendiz o protagonismo do processo sem nunca dispensar o professor, porque ele será cada vez mais o tutor necessário na condução do ensinamento presencial e alimentador dos programas *on-line* e a distância. Na verdade, todas as projeções que se possam tecer sobre o trabalho nas variadas e interdependentes ocupações, serão pífias se não se estiverem assentadas sobre a ética necessária ao exercício de qualquer profissão.

> **Em cartaz**
> • Assista ao filme *Estrelas além do tempo*, 2017. Direção de Theodore Melfi. Estados Unidos.
> Cientistas da Nasa, mulheres afro-americanas contribuem decisivamente em uma das maiores operações tecnológicas durante a Guerra Fria.

Jogo rápido

Partindo do pressuposto de que o trabalho nos habilita a resolver problemas específicos de nossa área de capacitação, é importante sua valorização sem, contudo, descolá-lo da vida. Se o trabalho nos garante a sobrevivência material, o reconhecimento social, a realização profissional, é importante também que não descuidemos das outras dimensões da vida, como a família, o lazer, a espiritualidade, o ser solidário, as amizades, integrando-as às nossas atividades no trabalho.

Planos de Capacitação no meu Projeto de Vida				
Minha vida profissional	Ações estratégicas a que me proponho		
	Manter	Melhorar	Mudar
Quais são/foram os critérios para a escolha da minha profissão?			
Valor do trabalho que executo			
Condições do meu trabalho			
Perspectivas de mudança no trabalho			
Planos para o futuro próximo			
Data: Como está a minha situação pessoal hoje? O que eu posso fazer nesse caso? Prazo para alcançar resultados animadores:			

4.3 A base material para garantir a nossa sobrevivência

Somos seres de relações e estamos em contínuo diálogo com aquilo que produzimos. Nossas construções objetivas, palpáveis, também as simbólicas, falam muito a nosso respeito do modo como vivemos.

Temos necessidade de reconhecimento, de sentir-nos valorizados, estarmos atualizados com ideias e práticas aceitas na cultura vigente. Por isso, atribuímos importância excessiva aos bens materiais, posições sociais, objetos, aparência, serviços, dinheiro, ostentação. Acumulamos e consumimos sem refletir.

A exposição frequente às condições de vulnerabilidade física, psíquica e social, o excessivo apego a coisas materiais, os perigos das grandes cidades, a consciência das desigualdades sociais e o aumento da criminalidade, além de outras tantas ameaças, inclusive ambientais, levam o sociólogo Ulrich Beck a refletir sobre os prejuízos de vivermos numa "sociedade de risco". Ele se refere à fase do desenvolvimento contemporâneo em que os riscos sociais, políticos, econômicos e ecológicos tendem a escapar das instituições de controle e proteção, tornando-se ameaças ao indivíduo e à sociedade.

Ações isoladas, sem que entre elas se estabeleçam liames e decorrências, fazem os indivíduos aceitarem, mas não assumirem, a natureza transitória e evolutiva de um hoje, um tempo cambiante. Ao supervalorizar o presente, dando exclusividade ao momento em curso, a sociedade segrega as ações fazendo com que os eventos no agora também atomizem o indivíduo.

Vivemos, desse modo, uma perpétua incitação ao consumir, um incessante esvaziamento pela renovação das modas, vogas e tendências nos diversos âmbitos. O tempo de trabalho dilatou-se para além de horários fixos e permanentes, e englobou os trabalhadores no mercado para um tempo de consumo. O consumo é, pois, uma atividade econômica de aquisição, uso ou destruição de bens e serviços, efetuada por indivíduos, famílias ou organizações, que permite a satisfação das necessidades reais ou criadas. Chama a atenção, no entanto, o excesso do consumir em nossa sociedade; isto é, o consumismo.

No Brasil, por exemplo, onde é significativa a população jovem, encontramos de forma mais acentuada o estilo de vida da sociedade consumista. Entre eles prevalecem os valores de uma juventude mítica, compatível com as crenças e valores do descarte e da inutilidade programada. As gerações que vão sendo substituídas no trabalho recebem esse impacto nas responsabilidades familiares e na desatualização perante as novas tecnologias e modos de viver.

Nesse estilo de vida da economia moderna são recriadas combinações temporais: o dia e a noite, o descanso semanal, a jornada de trabalho cumprida, o período de férias. Aparentemente disciplinador, esse tempo é o disfarce consumível do tempo-mercadoria da produção capitalista, carregado de momentos aparentemente individualizados.

Assim, a vida se torna líquida, ausente de referenciais morais e políticos, um mundo de consumidores, de indivíduos solitários responsáveis pelo sucesso e fracasso de suas próprias vidas. O sociólogo Zygmunt Bauman chama esse fenômeno de "sobrevivência ampliada", por levar os indivíduos a sentirem valor próprio apenas no tempo que não é de trabalho, tal qual suspira "deixa eu respirar" um entrevistado da pesquisa Tempo no Trabalho.

Esse tempo diferente do tempo de trabalho/estudo é empregado para o consumo de bens e objetos, ideias e notícias. Vivemos uma temporalidade de produção/consumo/produção/consumo indefinidamente. É com esse diagnóstico de que a contemporaneidade é construída pelos pilares frágeis da insegurança e do consumo, que Bauman extrai o conceito de modernidade líquida.

A pressão do consumir não é pressentida, ela chega como uma valorização sem precedentes do tempo presente. O indivíduo não valoriza sua história de vida, nem retira do passado condutas e princípios que o transcendam, fixado está em esgotar o hoje e chegar ao futuro. Com isso, facilmente se entrega à renovação das tendências em moda, em equipamentos eletrônicos, em ideias e uma parafernália de objetos e serviços postos à venda. O estar em dia, *up to date* com os lançamentos, dita o tom do consumir bens e benesses, o que se torna o autoconsumo da vida individual, alerta o filósofo Edgar Morin, quando o sobreviver na luta contra a necessidade dá lugar ao consumir a própria vida.

> **O que eles têm a dizer**
>
> Pelo refletir sobre o consumo e a vida, Morin (1997, p. 69) nos obriga a atualizar a análise da cultura de massa, observando o papel da produção cultural da mídia hoje.
>
>> Mas a vida não pode consumir tudo e a sociedade consumidora não pode e não poderá dar tudo. Ela retira, mesmo quando dá. Não pode dar ao mesmo tempo a segurança e o risco; retira a aventura quando dá os chinelos. Retira a carne quando dá a imagem. [...] A cultura de massa procura deter ficticiamente tudo que não pode ser consumido praticamente. É, assim, a aventura das vidas sem aventuras, a privação das vidas confortáveis, o conforto das vidas desprovidas, o crime do honrado pai de família, a nobreza de seres sem nobreza, a crueldade das almas sensíveis, a sensibilidade dos insensíveis... [...] Ela torna fictícia uma parte da vida de seus consumidores. Ela "fantasmaliza" o espectador, projeta seu espírito na pluralidade dos universos figurados ou imaginários, faz sua alma emigrar para os inúmeros sósias que vivem para ele. [...] Assim sendo, a cultura de massa trabalha em direções inversas.

A cultura de massa está diretamente ligada ao consumo – acesso a bens materiais e simbólicos da sociedade moderna – e tem nos meios de comunicação de massa a forma para atingir o maior número de pessoas ao mesmo tempo. Pelo seu poder de persuasão, vale-se das instituições sociais ao buscar o universal mediante o mercado de filmes, a arte, a televisão, a imprensa falada e escrita, padronizando percepções da realidade.

Ao estudar a cultura de massa, Morin vê mais do que um fenômeno surgido no século XX, fruto de uma segunda industrialização produzindo carros, eletrodomésticos e bens culturais para a extensão da população, ainda que essa esteja segmentada economicamente e por nível de educação. Morin engloba a cultura como o conjunto de hábitos e costumes que rege uma sociedade, manifestada com variações de preferências, gostos e valores nas diversas classes sociais.

Presente no mundo

Desculpas que nos damos quando adiamos nossos sonhos

> Uma desculpa *é* "eu não tenho dinheiro". Geralmente, quando queremos mudar de carreira, de cidade, de país, fazer um mestrado, viajar ou qualquer outro projeto assim, vamos adiando dizendo que não temos dinheiro. Dinheiro é como tempo – a gente não tem, a gente providencia. Precisa gerenciar bem o que ganha, parar de gastar com bobagens e ter metas. Muitas vezes, quando pararmos para listar o quanto precisamos de dinheiro para realizar aquele sonho, percebemos que não é tanto quanto imaginávamos. Só de colocar no papel já ajuda a ter uma visão mais realista do que a gente pretende. E, com isso, vira um objetivo a ser alcançado, e podemos buscar outros meios para chegar até lá (bicos, investimentos e por aí vai) (GODINHO, 2014).

*

Construa uma planilha de despesas pessoais e/ou da família, a fim de organizar seus gastos e vida material.

Não perca esta dica

- Leia o livro de Elaine Toledo: *Saiba mais para gastar menos*. São Paulo: Alaúde.
Como disciplinar os gastos com exemplos práticos para aprender a lidar com o dinheiro.

A força consumista exerce atração e camufla o caráter capitalista da sociedade. Essa compulsão para o "ter" pressiona a individualidade e diminui a capacidade crítica. O consumismo faz-nos utilitaristas, cegos ao real valor de cada situação e objeto. Como reflexo do materialismo, prendemo-nos às aparências, impressionados com o que vemos nas expressões de riqueza e estilo de vida.

Basta um olhar crítico à produção de objetos e de novas necessidades para detectarmos o consumo em abundância, o desperdício, a escassez de bom-senso. Não precisamos de tantas coisas. Sofisticamos o nosso viver, criando necessidades nesse processo de produção e consumo desmedidos. Desse modo, acabam sendo mascaradas as reais necessidades do ser humano.

As chamadas necessidades básicas são aquelas de ordem fisiológica (ar, água, comida, exercícios físicos, vestimentas, abrigo, repouso e saúde), acrescidas daquelas de ordem social (segurança, pertencer a um grupo, reconhecimento, estabilidade, poder). Para atingir o desenvolvimento pessoal são fatores essenciais: autonomia, autoestima, criatividade, realização. A base material propicia, mas não garante um autêntico desenvolvimento da pessoa.

Além do básico, há necessidades criadas pelo desenvolvimento da sociedade. Assim, já não nos satisfazemos em ter um celular que nos comunique, pois ele deve ser do último modelo com recursos da mais avançada tecnologia. Ao suscitar novos desejos e necessidades de consumo, o capitalismo alcança crescimento mediante a destruição criativa, explorando a capacidade humana de transformação da natureza e dos espaços, retirando-nos o pensar nas consequências das ações que ameaçam a vida no Planeta Terra.

Presente no mundo

Caro leitor, inteire-se do conteúdo ético das campanhas em defesa do meio ambiente e traga o questionamento para a sua família, trabalho, comunidade e amigos. Promova e dissemine o consumo sustentável, a reeducação ambiental, os produtos orgânicos, a redução das embalagens, o reaproveitamento de metais, vidros, materiais plásticos e outros, o uso consciente de recursos naturais, como a água, por exemplo.

A partir das condições em que vivemos e das manifestações da cultura e da indústria cultural, somos os responsáveis pelo imaginário coletivo a respeito da destruição do meio ambiente e pelas atitudes consumistas. Esse caudal de produções varridas pela força mercadológica empurra-nos à reflexão, enquanto provoca alguma reação. Numa sociedade de consumo desmedido, pensar também na produção em excesso e de como são geradas inúmeras necessidades sociais, muitas delas supérfluas, deve levar a ações de preservação e contra o mau uso dos recursos naturais não renováveis.

A sustentabilidade é uma ideia-disposição em direção contrária à exploração exaustiva dos recursos naturais e ao constante assédio de necessidades criadas. Firma-se a concepção de ser sustentável a sociedade no século XXI, uma forma de desenvolvimento econômico, social, político, cultural, num processo inclusivo que garanta alternativas para a sobrevida no planeta Terra.

Ser sustentável significa a defesa do ser humano integrado à natureza e vivendo coerentemente ações de autonomia, responsabilidade social e dignidade. Esse fazer envolve múltiplos níveis de exigências e, sobretudo, de corresponsabilidades – indivíduos, empresas, governos, nações, instituições todas – das pequenas mudanças de hábitos de desperdício a correções preservacionistas, para mencionar algumas ao alcance de cada cidadão. Fazer algo pelos sem-teto, cada vez em maior número, não é, por exemplo, uma ação de sustentabilidade? Que dizer dos que trabalham e o fazem em condições precárias e ameaçadoras da vida? E como diminuir a poluição ambiental?

A preocupação com sustentabilidade atravessa diversos níveis de ação – individuais, grupais, nacionais e/ou internacionais – e não podem ser pensados isoladamente. Dizem respeito à estrutura da sociedade, que não é estática como um edifício, mas se constitui de relações de sustentação ao fenômeno social com interferência na vida pessoal. As nações precisam buscar um desenvolvimento que alce o coletivo a um patamar capaz de dar conta das diferenças internas acirradas pelas migrações intensas de populações e da divisão internacional do trabalho a competir nesta era globalizada.

PARE E PENSE

- Alcança-se a sustentabilidade com trabalho precarizado?
- É sustentável uma sociedade que concentra cada vez mais a riqueza?

Nem sempre o discurso foi de sustentabilidade. Outras bandeiras em diferentes momentos no Ocidente alertam para excessos em meio às insuficiências, às carências, à falta de equidade social. É o imperativo materialista que padroniza os gostos, uniformiza as ideias, faz alguns serem mais iguais e outros bem diferentes, provocando e, ao mesmo tempo, respondendo pelo individualismo nas relações e, muitas vezes, a segregação social.

Estamos colhendo os resultados de séculos e séculos de um pensamento racionalista, instrumental, construído e aperfeiçoado, técnica e tecnologicamente, para tirar proveito de um desenvolvimento das nações pelo viés estritamente econômico. Sua aplicação e valorização exclusiva descolaram o homem da natureza e este já não se reconhece como pertencendo a ela. É como se faltasse fôlego ao planeta Terra e continuássemos correndo, respirando, trabalhando, adequando-nos às insuficiências de recursos não renováveis.

Há apelo por sustentabilidade na Carta Encíclica *Laudato Si'*, do Papa Francisco, na qual a crítica ao consumismo e ao desenvolvimento irresponsável se torna um clamor por mudança e por unificação das ações para combater a degradação ambiental e as alterações climáticas. Não só, porém.

Torna-se mais premente uma sociedade sustentável a pedir uma nova ética para a produção e o consumo desenfreados, o desperdício, a geração de misérias, o desemprego estrutural, a escassez de recursos para a manutenção da vida humana, da fauna e da flora, o extermínio de populações indígenas, a saturação de aterros sanitários. Essa ecoética, na expressão do sociólogo Edgar Morin, se assenta em valores vitais – ecológicos, genéticos, econômicos, educacionais, culturais, científicos – e nos lembra o fundamental: somos indivíduos vivendo em coletividade.

Teste sua habilidade de responsabilidade social

Proponha uma divisão de atividades em sua casa, em sua família e torne-se o responsável por separar o lixo (orgânico e reciclável) e dar-lhe o destino ecologicamente correto.

O consumo exagerado em que vivemos inculca-nos o que se poderia chamar de "o direito natural à abundância", o ter de tudo em demasia, o submeter-nos ao poder dos objetos, ou seja, o valor que a sociedade lhes confere pela publicidade e criação de uma mentalidade consumidora. Vivenciamos o paradoxo da necessidade dos objetos para "sermos" e a necessidade de destruí-los e substitui-los continuamente. É uma cultura do simulacro a nos moldar, como quando as coisas "parecem" que acontecem, alerta-nos o sociólogo Jean Baudrillard. Apegamo-nos a objetos (carros, roupas, casas, máquinas), a ideias (enriquecer, viajar, comprar), aparência, decoração, como a verdadeiros amuletos e sobre eles criamos uma aura de poderes em nossa defesa ilusória.

Procuramos um padrão de vida compatível com o que sonhamos e com o estágio de desenvolvimento atual, o que nos move para além da sobrevivência e traz novas exigências sociais. No conhecimento comum que percorre a diferença entre o "ter" e o "ser" há alguns equívocos na busca do que valorizamos, mas o Projeto de Vida elaborado pode nos ajudar a fazer a distinção.

Em cartaz
- Assista ao filme *A febre*, 2004. Direção de Carlo Gabriel Nero. Estados Unidos.

Depois de uma conversa sobre privilégios e pobreza, uma turista percebe o peso da miséria e a luta pela sobrevivência material.

Jogo rápido

Todas as nossas ações precisam ter como escopo o administrar com parcimônia nossos gastos, dando a devida importância aos bens materiais, às posições sociais, aos objetos e ao dinheiro. Para sermos pessoas do nosso tempo devemos nos sensibilizar com a vida sustentável no planeta e orientarmos nossa ação estratégica para a sobrevivência ampliada. Ao resistirmos à competição social desenfreada nos perguntamos: O que realmente importa?

Não perca esta dica

- Leia o livro de Conrado Navarro e André Massaro: *Dinheiro é um santo remédio*. São Paulo: Gente.
Manual com um plano para controle das finanças pessoais.

Planos de Capacitação no meu Projeto de Vida			
Minha vida material	**Ações estratégicas a que me proponho**		
	Manter	Melhorar	Mudar
O que realmente consumo para viver?			
Qual o valor que dou ao dinheiro?			
O que é realmente importante para mim?			
O que entendo por consumismo?			
Como posso contribuir para uma sociedade sustentável?			
O que faço para reduzir a poluição ambiental (ar, água, solo)?			

Data:

Como está a minha situação pessoal hoje?

O que eu posso fazer nesse caso?

Prazo para alcançar resultados animadores:

5
Planos de Esperança
A esfera da cidadania

Dimensão espiritual
Ser solidário
Lazer – para dar
tempo à vida

5
Planos de Esperança
A esfera da cidadania

A esperança é a arte de escrever o futuro. Aquele que espera não se desespera, detecta a cada dia as pequenas mudanças e as transforma em superação de problemas. Isso é importante, pois a esperança nasce no presente, mas confia no futuro. A esperança precisa dialogar com o princípio da realidade para não gerar ilusões vãs.

Vivemos o tempo presente em função do passado e em relação a possíveis ações futuras. Há uma supervalorização do tempo presente, que torna o futuro ainda mais desafiador. Mas, para preservar o presente e não perder a estratégia de planejar o que virá, nossos Planos de Esperança no Projeto de Vida são formulados nas dimensões espiritual, solidária e do lazer, respondendo à questão:

• O que faço para manter a esperança?

> Caro leitor, são necessidades benéficas ao equilíbrio na vida: admitir que somos nostálgicos do mistério de nossa transcendência; abrir-nos à aceitação do outro e à ajuda aos nossos semelhantes; dar-nos um tempo exclusivo para nós mesmos. O almejado equilíbrio de vida será, então, uma decorrência.

5.1 Viva de corpo e alma a dimensão espiritual

O tempo sempre foi uma questão intrigante para o conhecimento. Vivemos o presente em função de um tempo passado e em relação a ações para o futuro. Debatemo-nos entre o passado e o futuro e ambos nos sequestram a mente. Essa é a ambivalência da vida cotidiana. Com isso, pouca importância damos ao tempo presente. Fica despercebido, quando ele é o hoje, o único lapso de tempo de que podemos ter consciência. Se o vivemos com atividades vazias, então é um tempo maltratado, que nos faz viver correndo atrás dele ou mesmo sem percebê-lo, diz o filósofo Eugen Rosenstock-Hussey.

O agora simplesmente está acontecendo. Focar nossos sentidos, atenção, coração nas ações do momento presente faz muita diferença naquilo que chamamos qualidade de vida. Não é um desperdício de tempo obsessivo em interesses supérfluos e distraídos, mas significa dedicar atenção plena ao seu "estar no mundo", uma qualidade de presença benéfica para si e o seu entorno.

Descoberta de si mesmo

• O que vejo de belo à minha volta?
Olhe diariamente o céu, a paisagem, uma feição feliz e admire-se com o que há de bom no mundo e na sua vida.

Centrar-nos no tempo presente é dar crédito para o futuro. É bem diferente valorizar a nossa presença do que seguirmos levados pela corrente dos acontecimentos. Agindo com sentido, tirando proveito do que acontece não nos deixa cair na banalização com que o tempo presente vem sendo tratado. É como ir contra a maré e reagir à cultura do imediatismo que influencia sobremaneira o comportamento das pessoas atualmente.

Qual a razão de falarmos assim? O presente se tornou imperativo, como se não tivesse relação com o tempo anterior nem com o acúmulo de conhecimento que o gerou. Além disso, o presente se apresenta descomprometido em relação ao futuro. Essa é a percepção do tempo que vem se impondo. Vamos entender o porquê desse fenômeno coletivo, mas focar o presente conscientemente.

Na atualidade, professamos uma cultura *no* devir, ao invés de uma cultura *do* devir, na qual cabe planejar e projetar a vida. Pensamos mais no que virá do que vivemos o presente em função do futuro. Essa cultura contribui para um novo conformismo chamado contemporaneidade, em que o presente é o quadro absoluto de referência. Não obstante, o movimento de valorização do presente não pode nos dominar. Nosso esforço é não sermos destituídos do passado, como se esse deixasse de nos fornecer mais sabedoria e normas de vida. O equilíbrio está em viver o presente sem abandonar o passado, nem se jogar apenas no futuro.

PARE E PENSE

Caro leitor, lembre-se de três momentos em que se sentiu feliz e realizado. Esse é um jeito de tornar a vida mais presente, registre isso.
- Quais acontecimentos foram realmente importantes na minha vida recente?

Embora a evocação do futuro seja uma rotina para os sistemas sociais e para os sujeitos, o tempo presente é associado à ideia de potencial domínio sobre ele. O presente se torna "tudo o que é", segundo o geógrafo David Harvey e, nesse sentido, a sua percepção substitui a do futuro e a do passado, tempos que se tornam como que destituídos de referência para a ação. Esse traço cultural da percepção temporal exige de nós adaptação e consciência crítica.

Para viver o presente, essa construção no aqui e agora, o filósofo Arthur Schopenhauer (2015, p. 115) aconselha a "fruir com consciência cada hora suportável, sem turvá-la com esperanças malogradas no passado ou com ansiedades pelo futuro". Já no século XIX, ele alertava para o controle da ansiedade, hoje um mal generalizado que prejudica os relacionamentos em todos os âmbitos (pessoal, profissional, familiar, social).

Ainda que a primazia do atual e não do permanente, do superficial e não do essencial, seja a palavra de ordem no mundo, há a existência histórica do que é nosso, exclusivamente nosso, como a ideia de se propor um Projeto de Vida verdadeiro, refletido e escrito. Cada qual tem sua biografia e precisa valorizá-la.

Presente no mundo

Caro leitor, procure aproveitar o tempo presente; não o tema, nem dele se desconecte. Viva-o de forma consciente. Transforme-o em "um presente" de valor para si, sem consumi-lo nem o desperdiçar. Experimente estar totalmente presente em cada momento da sua vida, desde as pequenas coisas: se está lanchando, coma; não fique olhando o celular. Se for dormir, descanse; afaste as preocupações do dia, da semana e medite, se for preciso. Se estiver conversando com alguém, esteja ali; não desvie sua atenção. Se está em uma tarefa de estudo ou de trabalho, concentre-se.

Agora pense em apenas um dos seus propósitos imediatos para os próximos dias e o pratique até virar um bom hábito. Escreva e estipule um tempo para incorporar a nova atitude.

_____
_____
_____
_____
_____
_____
_____

Com a devida atenção é possível diminuir a velocidade dos pensamentos para observar em silêncio o momento que é vivenciado. Pela prática da meditação separamos os pensamentos da parte de nossa consciência que realiza a percepção, calando a mente que se ocupa continuamente do passado (memórias) ou do futuro (expectativas). Se nos desligarmos alguns minutos por dia da agitação do entorno e do nosso pensar constante, nos habilitamos a um conviver com qualidade de presença. A prática habitual do silêncio, centrando-nos em nossa essência, possibilita, com o tempo, uma maior autoaceitação e aceitação dos outros, sem a pretensão de modificá-los.

O que eles têm a dizer

A necessidade de retomada do presente como base da vida é descrita pelo monge inglês Dom Laurence Freeman (2012), na experiência da dimensão espiritual, cada vez mais uma estratégia de qualidade de vida. Ele recomenda meditar.

> O primeiro estágio de abertura para o momento presente, à medida que nos libertamos da análise compulsiva do passado e da exploração do futuro, é surpreendentemente comum. Você então pode pensar, "bem, está calmo, quieto e sem problemas, mas meio simples". Como receber um biscoito digestivo sem sabor no lugar do seu biscoito favorito. O que mais acontecerá? [...] ainda está se perguntando: "O que vem depois?" E isso diz que você não está realmente no momento presente. É um bom lugar para estar e você tem que aprender a estar lá e a trabalhar dentro e fora deste novo lugar de calma e quietude. Está dentro de você, mas você se encontrará também influenciando a dimensão externa.

Agir e pensar tendem a ser operações compulsivas, mecânicas, que não nos deixam ser o que somos. A hiperconectividade das redes sociais causa estresse, são muitas informações, palavras demais, barulho constante, demandas em excesso a nos bombardear. Dado o excesso de mensagens, a sensação é de estarmos sempre desatualizados e, ao mesmo tempo, em estado de prontidão para dar respostas.

Vivemos muito intensamente para o mundo exterior. A agitação em que vivemos nos dispersa e facilmente entramos em turbulência. Sentimos necessidade de silenciar. Sem ser uma fuga de nossas responsabilidades, exercitemos retiradas temporárias do convívio com os outros para nos aquietar. Meditar está ao alcance de todos. Relaxa e nos sintoniza com o nosso "eu interior". A aplicação da técnica do *mindfulness* pode ser um grande auxílio para chegar a uma atenção plena ao nosso estado de bem-estar. Pense nisso.

Teste sua habilidade de aquietar-se

Uma parada para respirar:
• O propósito é conhecer-se mais. Com alguns minutos de silêncio e persistência, você aprenderá a ouvir a sua intuição e a confiar em seus verdadeiros desejos. Procure cuidar de si como uma necessidade. E se dê prioridade, incorporando o autocuidado como um comportamento natural.

Aqui estão algumas dicas do retirar-se para silenciar:
• Reserve um tempo para se encontrar consigo mesmo de forma a enriquecer a espiritualidade e a autoestima, fortalecendo suas energias interiores e o espírito de solidariedade latente em você.
• Procure um lugar calmo, longe de barulhos, um espaço tranquilo da sua casa ou junto à natureza.
• Sente-se confortavelmente, coluna ereta.
• Esqueça o relógio por algum tempo.
• Feche levemente os olhos.
• Respire profundamente várias vezes, relaxe os músculos, descontraia as tensões dos ombros, do rosto, do corpo em geral.
• Esvazie a mente de pensamentos (problemas, preocupações, saúde, compromissos, relacionamentos, trabalho, tarefas).
• Repita silenciosamente uma palavra ou frase que lhe inspire sentimentos elevados. Como um mantra[1], essa frase será seu guia para afastar os pensamentos. Distraindo-se, retorne simplesmente à repetição mental do mantra escolhido.

---

[1] Mantra é uma palavra ou frase que sintetiza um pensamento, cuja repetição silenciosa favorece um estado de relaxamento da mente. Originários do hin-

- Entregue-se ao seu momento de silêncio para se reequilibrar. Quinze a vinte minutos por dia são suficientes, mas você pode começar com cinco ou dez minutos para desenvolver o hábito e ir aumentando o tempo gradativamente.
- Para voltar ao estado de vigília, respire fundo e saia da meditação suave e vagarosamente, abrindo seus olhos.
- Existem sites e aplicativos de meditação guiada que podem lhe ajudar.

Grande parte do interesse na vida espiritual tem origem psicológica. A meditação propicia o autoconhecimento. A fascinação dessa descoberta pode nos afastar da meditação como caminho para a esfera da vida espiritual, alerta o monge John Main, pois se nos limitarmos às nossas operações mentais podemos esquecer a essência da experiência que não é autoanálise, mas autotranscendência. Na oração do silêncio, disponível e desapegado, acontece o encontro com Deus, caso você tenha essa fé.

Possivelmente por não haver uma explicação para o mistério da finitude da vida, os homens de todos os tempos e culturas instituíram o sagrado, como um nicho de segurança à fragilidade humana. Estudiosos de muitos ramos científicos buscam explicações para a procura pela transcendência.

Vida espiritual significa manter relações com o que nos transcende. É o filósofo Ludwig Wittgenstein (apud CHAUVIRÉ, 1989, p. 48) quem nos emoldura o significado da vida: "O indizível (o que me parece cheio de mistério e que não sou capaz de exprimir) forma, talvez, o pano de fundo em virtude do qual o que posso exprimir adquire uma significação".

---

duísmo, os mantras são utilizados também por práticas espirituais sem vínculo com religiões estabelecidas.

De forma diferente e independente da religiosidade, que é a expressão ritual de uma doutrina religiosa, a espiritualidade diz respeito à nossa relação com o que está além de nós. A espiritualidade se apresenta como uma necessidade humana de dar significado a indagações e ensaios de ação com sentido. Daí, a pergunta filosófica que persegue a todos: Qual é a razão maior para a minha existência?

A espiritualidade implica fé, acreditar e confiar em um Ser Superior que nos transcende. A fé é parte do processo cognitivo no enfrentamento dos problemas por se pautar na crença em algo que suplanta o ser humano e lhe dá forças para viver. Há, portanto, conciliação entre a experiência de fé e a vida. Devemos aprender, recomenda a teóloga Maria Clara Bingemer (2018, p. 13), que, "quanto mais aprofundarmos nossa vida interior, mais humanos seremos; quanto mais nos aproximarmos do divino, mais mergulharemos em nossa humanidade".

A espiritualidade liga-se à parte inquieta da vida, que incentiva ações no atendimento interligado das necessidades humanas:

a) aproximar-se do transcendente na condição de criatura, integrar o universo e viver a irmandade com todos os seres no mundo;

b) conhecer-se, ou seja, "trabalhar-se" como pessoa, o que se realiza num movimento de dentro para fora e de fora para dentro;

c) estabelecer o compromisso com o outro, que se manifesta no amor solidário.

> Considero que espiritualidade esteja relacionada com aquelas qualidades do espírito humano – tais como amor e compaixão, paciência e tolerância, capacidade de perdoar, contentamento, noção de responsabilidade, noção de harmonia – que trazem felicidade tanto para a própria pessoa quanto para os outros (Dalai Lama, apud BOFF, 2001, p. 21).

Praticamente todas as filosofias religiosas têm por princípio o respeito ao outro, mas apenas o desenvolvimento de uma vida de espiritualidade corresponde a uma paz interior não alheia ao mundo. Quando concentramos nosso agir consciente em valores como reconciliação, perdão, solidariedade, compaixão, caridade, estamos no âmbito da espiritualidade capaz de promover a justiça e a paz.

O estado de paz não é conquistado, pessoal ou socialmente, pela simples abolição de conflitos. É muito mais do que isso. Paz é estar em harmonia com a criação, as criaturas e a vida. Isso é *Shalom*, expressão hebraica que implica ter uma vivência da sintonia e plenitude com a origem de tudo e de todos para poder explicitar o real desejo de "A paz esteja contigo".

Descoberta de si mesmo

• Cultivo tempo e espaços de vida que alimentam meu espírito trazendo paz interior?

Uma vida que contempla a dimensão espiritual precisa aprender a se livrar das preocupações exageradas, desapegar-se das coisas supérfluas, fugir do desperdício de tempo e recursos, cultivar um estilo de vida saudável, um coração agradecido, viver o tempo presente com a força da esperança em qualquer idade.

Vivência

Vale a pena pausar em um dos sucessos do pop-rock nacional, a Banda Titãs, quando interpreta a música *Enquanto houver sol*, numa composição de Sérgio Britto, cuja mensagem não deixa sumir o sopro de esperança de sempre haver uma saída para situações difíceis.

Recentemente a ciência explicitou sermos dotados também de uma inteligência espiritual pautada na questão do sentido, de encontrar um propósito de vida e estar em harmonia consigo e os demais. São princípios que orientam a inteligência espiritual:
a) desenvolver a consciência de si mesmo;
b) agir por seus valores e assumir as consequências;
c) valorizar as pessoas pelo que são, aceitando o que nos diferencia delas.

O desenvolvimento da inteligência espiritual possivelmente capacita o indivíduo a conviver com a diversidade (outras pessoas, culturas, grupos, etnias, comunidades, gerações, pensamentos, crenças), experimentando a compreensão das diferenças e sua aceitação, em pleno acolhimento.

Para compreender a realidade espiritual é preciso muito respeito, delicadeza e sabedoria. O espírito humano é complexo de entender e vivenciar. Não será sem esforço que teremos solução para problemas existenciais profundos e de difícil entendimento. Daí a contribuição da arte, da religião, da poesia, da filosofia, da ciência para explicá-los.

O ser humano é dotado de corpo, alma e espírito. O corpo nos torna conscientes deste mundo no aqui e agora. A alma é o princípio da vida em termos espirituais. Com ela se relacionam nosso intelecto, nossa personalidade e nossa vontade, pois nos torna conscientes de nós mesmos. O Padre Antônio Vieira deixou-nos uma pista do que é alma:

> Quereis ver o que é uma alma? Olhai para um corpo sem alma. Se aquele corpo era de um sábio, onde estão as ciências? Foram-se com a alma, porque eram suas. A retórica, a poesia, a filosofia, as matemáticas, a teologia, a jurisprudência, aquelas razões tão fortes, aqueles discursos tão deduzidos, aquelas sentenças tão vivas, aqueles pensamentos tão sublimes, aqueles escritos humanos

e divinos que admiramos, e excedem a admiração; tudo isto era a alma (PINTO, 1940).

O espírito recebe impressões do corpo e da alma e nos impulsiona a uma vida de relação com o que nos transcende, uma vida espiritual e imortal. A palavra espírito tem sua origem no latim *spiritus*, que significa sopro, referindo-se também à coragem e ao vigor. A tradução da palavra a partir do grego *pneuma* corresponde à respiração e é apresentada em oposição a *anima* (alma). Espírito é um termo usado no sentido metafísico, desde os fundamentos da Filosofia e, também no sentido metafórico, valendo-se de comparações próprias da figura de linguagem.

> **Em cartaz**
> • Assista ao filme *A cabana*, 2017. Direção de Stuart Hazeldine. Estados Unidos.
> A experiência extranatural de um homem com o desaparecimento de sua filha.

Compatibilizar nossa razão e emoções com o mundo exterior é dar vazão à inteligência espiritual e, de acordo com nossas crenças, valores e atitudes, encontrar nosso propósito de vida, dando a ela um sentido. A dimensão espiritual nos remete à questão do tempo que passa, mas somos nós que passamos. Permanece algo que está além de nós. A experiência humana do "passar o tempo" é inseparável da vivência de um sentido, mais precisamente de um sentido em curso, para o filósofo Paul Ricouer.

Mas, o que é um sentido? Por que o sentido da vida é tão recomendado para um viver coerente e com consciência? Sentido é sempre um efeito, algo que resulta da atividade humana. O sentido da vida é um eixo afetivo e efetivo de ação. Nele nos suprimos de valores que orientam e dão significado às nossas atitudes.

O sentido da vida é afetivo por ser uma estrutura de base moral, ou seja, diz respeito a como nos relacionamos com as pessoas. Mesmo nas organizações e instituições sociais regidas por normas hierárquicas, a verdadeira liderança não necessita valer-se do autoritarismo para que as coisas funcionem.

> ### O que eles têm a dizer
>
> Gostaria de recordar aquilo que foi, talvez, a mais profunda experiência por que passei no campo de concentração. As chances de sair dali com vida não passavam de uma em 28, como se pode verificar facilmente em estatísticas exatas. Não parecia possível, e muito menos provável, que o manuscrito do meu primeiro livro, que ocultei dentro da minha capa ao chegar em Auschwitz, jamais pudesse ser salvo. Assim, tive que sofrer e superar a perda do meu filho espiritual. Parecia agora que nada e nem ninguém sobreviveria a mim; nem filho físico nem filho espiritual que fossem meus! Vi-me assim confrontado com a questão de se, dentro dessas circunstâncias, minha vida carecia de qualquer sentido em última análise. Eu ainda não percebia que uma resposta para essa questão, [...] depois ela me seria dada. Foi quando tive que entregar minha roupa e, em troca, herdei os trapos surrados de um recluso que fora mandado para a câmara de gás, logo depois de sua chegada à estação ferroviária de Auschwitz. Em lugar do grande número de páginas do meu manuscrito, encontrei no bolso da capa recém-adquirida uma única página, arrancada de um livro de orações hebraico, contendo a principal oração judaica, o Shemá Ysrael[2]. Como interpretar semelhante "coincidência" senão como desafio no sentido de viver meus

---

2 Shemá Ysrael: palavras da Torá, profissão de fé do monoteísmo judaico. Em hebraico quer dizer: "Ouça Israel, nosso Deus é um".

> pensamentos, em vez de simplesmente colocá-los no papel? Lembro-me que, pouco depois, me pareceu que eu morreria em futuro próximo. Dentro dessa situação crítica, entretanto, eu tinha uma preocupação diferente da maioria dos meus companheiros. A pergunta deles era: "Será que vamos sair com vida do campo de concentração? Caso contrário, todo esse sofrimento não tem sentido". A pergunta que atormentava a mim era: "Será que tem sentido todo esse sofrimento, toda essa morte ao nosso redor? Caso contrário, não faz sentido sobreviver; uma vida cujo sentido depende de semelhante eventualidade – escapar ou não escapar –, em última análise, nem valeria a pena ser vivida" (FRANKL, 2011, p. 138-139).

PARE E PENSE

Como Viktor Frankl descobriu que a sua vida tinha sentido e quais valores o inspiraram?

Porque existe uma conexão entre a percepção psicológica do tempo e a ideia de realidade, o tempo presente é como que desprovido de duração, está contemporaneamente aquém e além, como observa o filósofo Henri Bergson: "o que eu denomino meu presente confina ao mesmo tempo com o meu passado e o meu futuro". Encontra-se nesse nicho a riqueza da vida espiritual em manter o presente como "um presente", tal qual as intuições do velho no livro *O presente precioso*, do Dr. Spencer Johnson (1984, p. 42 e 64):

> O presente nada tem a ver com sonhos... Quando tiver o presente, você se sentirá contente de estar onde está... O valor do presente só provém de si mesmo... O presente

não é uma coisa que alguém lhe dê [...]. É um presente que você dá a si mesmo... O presente é o que é. E é valioso, mesmo que eu não saiba por quê. Já é justamente como deveria ser. Quando eu vejo o presente, aceito o presente e experimento o presente. Estou bem e estou feliz.

Em cartaz
• Assista ao filme *Ad Astra*, 2019. Direção de James Gray. Estados Unidos.
Viagem ao espaço ilimitado sugere especulação sobre a finita existência humana.

Jogo rápido

Quando você descobrir a grandeza e a leveza da vida espiritual a dar suporte e impulso à vida de todos os dias, saberá então o que é "trabalhar-se" como pessoa. Essa dimensão da nossa relação com o transcendente nos faz partícipes do universo e eleva nosso espírito a ações voltadas para o bem, o justo, o belo, a paz, a sabedoria, a verdade, além de nos despertar para a prática de pequenas virtudes.

Não perca esta dica

• Leia o livro de Thomas Merton: *Homem algum é uma ilha*. Campinas: Verus.
Valores básicos, como liberdade, caridade, sinceridade são contextualizados com atualidade, mostrando a dependência dos seres humanos entre si.

| Planos de Esperança no meu Projeto de Vida ||||
| Minha vida espiritual | Ações estratégicas a que me proponho |||
	Manter	Melhorar	Mudar
Busco tempo e espaço para aquietar meu espírito?			
Tenho praticado meditação?			
Qual o sentido da minha vida?			

Data:

Como está a minha situação pessoal hoje?

O que eu posso fazer nesse caso?

Prazo para alcançar resultados animadores:

5.2 Ser solidário – Um tempo a serviço dos outros

Ser cidadão é tomar consciência do seu papel no mundo, muito além dos direitos e deveres, que também devem ser considerados. Ser cidadão é ser protagonista da sua história, é poder amparar histórias alheias e perceber-se corresponsável pelas relações à sua volta. Ampliando o olhar cidadão encontramos oportunidades de atuação, como o trabalho voluntário, ajudando a construir uma sociedade mais justa e igualitária.

De acordo com a Organização Pan Americana da Saúde, de 1996, o desenvolvimento humano é um conceito amplo e integral e compreende as potencialidades humanas em todas as etapas da vida. Envolve quesitos como saúde, alimentação adequada, consciência corporal e atividade física, estilo de vida, ampliando-se para temáticas, como meio ambiente, relacionamentos sociais, participação ativa na comunidade, protagonismo, arte, lazer, manifestações culturais e outras.

Esta abordagem possibilita à pessoa, em qualquer idade, fortalecer sua capacidade de tomada de decisão, seu crescimento e realização pessoal e profissional, além de perceber novas perspectivas levando em conta a vida de outros. Isso é importante, pois a visão de mundo é um sistema de crenças inter-relacionadas, que explicita o modo como enxergamos, interpretamos e nos relacionamos com o entorno.

A visão de mundo age como um filtro social, pois indivíduos e organizações com culturas, histórias e meios de convívio diversos podem interpretar um mesmo acontecimento de forma particular e diferente. Assim, a visão de mundo opera de forma invisível sobre as pessoas, influenciando pensamentos e comportamentos. Ao projetar sua inserção em perspectiva avaliativa, o indivíduo faz comparações entre suas experiências e, também, as dos outros. Ser contemporâneo é saber trabalhar as junções de ser indivíduo e sociedade simultaneamente, lidar com o tempo que se esvai construindo uma vida coletiva.

> **Atenção curiosa**
>
> *Ser contemporâneo*
>
> O homem se encontra no e com o mundo e vive uma realidade que o transcende no aqui e agora, denominando-a tempo contemporâneo, um tempo que apenas transcorre sem apreensões e, por ser imediato, toca o sujeito que o experimenta. Ser contemporâneo é compartir esse tempo experimentado. A novidade é a ancoragem do indivíduo em seu próprio presente, alerta o sociólogo Zygmunt Bauman. Afinal, todos aprendem às próprias custas, mas só se transformam em sujeitos aqueles que tratam essa experiência em sua consciência e cultura. Ser contemporâneo é ser solidário com os da sua espécie. É identificar-se e constituir a humanidade, humanizando-se. Ser contemporâneo é lançar o olhar para além do "eu individualista" do pequeno ambiente da família, do trabalho, dos amigos, rompendo com esse mundo materialista, competitivo, pouco cooperativo. O individualismo prejudica a defesa de grandes causas coletivas, cega-nos para a ajuda humanitária de apoio aos vulneráveis.
>
> Ser contemporâneo é ser uma pessoa do seu tempo, é experimentar ser solidário não por uma questão de ser "bonzinho", mas pela consciência dos problemas no seu entorno.

A experiência contemporânea implica a coexistência temporal por um instante do sujeito e o mundo, quando o que é vivido passa a ser conhecimento. Como se passa da prática ao conhecimento e vice-versa? O filósofo Hans-Georg Gadamer (1997, p. 515) expõe a natureza indutiva da experiência que leva ao conhecimento: "o espírito [...] vê-se obrigado a ir ascendendo passo a passo, do particular até o geral, com o fim de adquirir uma experiência ordenada".

Não perca esta dica

- Leia o livro de Maria Júlia Paes da Silva: *No caminho – Fragmentos para ser o melhor*. São Paulo: Loyola.
Trajetória de uma vida disposta a aprender a ser melhor, fazendo ajustes e adequações em seu Projeto de Vida.

Como cidadãos do mundo, podemos escolher o que semear, mas colheremos o que plantarmos. Nossos atos têm consequências para a vida individual e a coletiva. A Modernidade nos legou novas formas de opressão, como a guerra em maior escala de destruição, a poluição (solo, subsolo, água, ar), muitos preconceitos, o racismo, o fundamentalismo religioso, o desemprego estrutural, o radicalismo político, que extravasam as relações sociais e atingem o modo como convivemos.

Discussões sociológicas expõem as controvérsias de uma sociedade que comporta as faces de um capitalismo financeiro mundializado nas decisões de governos, nas empresas transnacionais, nos serviços, na invisibilidade dos dramas de populações inteiras. As contradições estão postas nas formas sociais da Modernidade, como as classes e suas desigualdades, a família nuclear e os novos arranjos, os papéis sociais distintos em diferentes esferas, as escolhas políticas que reforçam a incerteza. Refletir sobre a realidade social e suas repercussões se torna uma obrigação para o "ser contemporâneo".

Pensar criticamente é também saúde mental e participação social. Diz respeito à capacidade de analisarmos informações e/

ou situações a partir de diferentes ângulos. É preciso elucidar as muitas versões passadas sobre os acontecimentos e qualquer situação, contextualizando-os.

> **Teste sua habilidade de pensamento crítico**
> Informe-se do que acontece em seu entorno, da realidade social que bate à sua porta. Leia e ouça análises pertinentes e embasadas, discuta e participe de debates, forme sua opinião a respeito de diferentes assuntos. Essa sua atitude contribuirá para opiniões mais consistentes e responsáveis. Diga não à indiferença social.

Considerando haver uma difundida alienação sobre a pobreza e o desequilíbrio das relações sociais, o sociólogo Boaventura de Sousa Santos pondera que as reivindicações sociais estão ainda muito assentadas sobre o bem-estar e a riqueza.

O tempo é referência para indivíduos e grupos e leva à pergunta do sociólogo Norbert Elias: qual sistema de relações se estabelece em uma estrutura social permeada por determinações temporais e conteúdo normativo?

Um sistema de relações sociais pode gerar respeito a princípios como igualdade, liberdade e fraternidade, mas conforme as escolhas políticas de condução da sociedade, alarga-se o abismo das diferenças individuais e desigualdades sociais, marcadas pela concentração da renda, de um lado, e a miséria, de outro. São contraposições que se revelam e coexistem, por isso precisamos lidar de forma mentalmente saudável com elas.

Urge, portanto, que nos posicionemos contra a exclusão em todas as suas formas, a fim de que os seres humanos não permaneçam à margem dos seus direitos. Fechado em seu particularismo individual, o homem moderno ainda dispõe de um espírito aberto para o universal, que se lhe apresenta como parte da humanidade. Esse pensamento do sociólogo Edgar Morin soa como um alento para a necessidade de políticas públicas.

Diante da realidade mais ampla e dramática, a afirmação de objetivos pessoais, os quais nem sempre são apenas escolhas do indivíduo por se encontrarem fora do seu alcance, coloca desafios que um Projeto de Vida pode ajudar a superar.

Descoberta de si mesmo

- De que modo eu encaro a experiência de não apenas conviver, mas de compartilhar a humanidade que me iguala a todos?

Passada a fase das respostas às antigas certezas da Era Moderna, o indivíduo experimenta um estranhamento da própria vida. Sem amarras institucionais seguras, novos valores tendem a ser elaborados, porque "a vida individual é uma forma de vida reflexivo-moderna", afirma o sociólogo Ulrich Beck. Em outras palavras, a vida se pensa, ela se avalia, dada a politização presente nas relações sociais e, também, em função da experiência que se globaliza.

Não perca esta dica

- Leia o livro de Ailton Krenak: *Ideias para adiar o fim do mundo.* São Paulo: Companhia das Letras.

Desmonta a ideia do ser humano como alguém separado da natureza e convida a ressignificar nosso jeito de viver na Terra.

O desafio está em como ser um cidadão consciente nos dias de hoje, em plena expansão da globalização, num mundo internacionalmente interligado, descomprometido com a miséria, mas que dela é produtor. O fato é que poucas políticas públicas apresentam cunho social transformador.

Hoje, o exercício do poder é mais sutil, objetivando-se na ampliação da função política dos meios de comunicação, afirma o historiador Eric Hobsbawm, por isso é difícil reconhecer novas formas do poder, disfarçadas por discursos que envolvem a democracia, a autonomia e a solidariedade.

Na realidade, as relações de poder se traduzem em múltiplas formas de exclusão social – da terra, da raça, da renda, da qualidade de vida, do trabalho, do impacto político, do gênero, da informação, da religião, do lazer, da segurança –, todas implicando discriminação, inclusive a exclusão digital. Aquele que destoa do conjunto padrão é o não aceito. Quem são esses muitos excluídos, cada vez mais numerosos?

> [...] os desempregados de longo prazo; os empregados em empregos precários e não qualificados; os velhos e os não protegidos pela legislação; os pobres que ganham pouco; os sem-terra; os sem habilidades, os analfabetos, os evadidos da escola; os excepcionais físicos e mentais; os viciados em drogas, os delinquentes e os presos; as crianças problemáticas e que sofrem abusos; os trabalhadores infantis; as mulheres; os estrangeiros, os imigrantes e os refugiados; as minorias raciais, religiosas em termos de idiomas; os que recebem assistência social; os que precisariam, mas não têm direito à assistência social; os residentes em vizinhanças deterioradas; os pobres que têm consumo abaixo do nível considerado de subsistência (sem-teto e famintos, entre outros); aqueles cujas práticas de consumo e lazer são estigmatizadas; os que sofreram mobilidade para baixo; os socialmente isolados; os sem amigos ou sem família (SILVER, apud DUPAS, 1999, p. 21).

Presente no mundo

- Qual é a minha contribuição para a solução de problemas mais amplos e que me afetam?

A solidariedade é uma exigência direta da fraternidade humana. Essa dependência, nas sociedades complexas como a nossa, não é primária, mecânica e direta, como nas primeiras sociedades no tempo. Ela se modifica e resulta em uma solidariedade funcional, orgânica, em que os indivíduos se tornam dependentes uns dos outros por não produzirem tudo o que necessitam para viver.

Somente a demanda por direitos faz alcançar a cidadania, que nos dá uma identidade cultural capaz de alterar a composição desigual da sociedade. *Todos os seres humanos nascem livres e iguais em dignidade e em direitos,* reconhece a Declaração dos Direitos do Homem e do Cidadão, de 1789, no contexto da Revolução Francesa e reafirmada pela Declaração Universal dos Direitos Humanos, aprovada em 1948 pela ONU, a qual enfatiza os direitos individuais, entre eles a liberdade (abolição da escravidão), a integridade física (condenação da tortura), a liberdade de expressão e de consciência.

No Brasil, a Constituição de 1988 acrescenta o direito de ir e vir e o direito à educação e à cidadania. A cidadania emerge do Estado que, motivado pela participação do povo, deve garantir um nível básico de renda, consumo e serviços necessários a uma vida digna.

Atenção curiosa

Direitos reconhecidos

Dada a complexidade social e o princípio da igualdade, independentemente da raça, cor,

> crença, idade, nacionalidade, assentados na dignidade do ser humano, são direitos reconhecidos:
> a) ter satisfeitas as necessidades existenciais, como alimentação, saúde, água, ar, descanso, privacidade, segurança;
> b) ter satisfeitas as necessidades materiais: direito à terra, à habitação, ao trabalho, ao salário, ao transporte, à creche, à previdência social;
> c) ter satisfeitas as necessidades sociopolíticas: direito à cidadania, direito de participar, reunir-se, associar-se, sindicalizar-se, locomover-se, expressar-se etc.;
> d) ter satisfeitas as necessidades culturais, como educação, liberdade de crença, religião e lazer;
> e) ter satisfeitas as necessidades difusas, como direito à preservação ecológica, direito de proteção ao consumidor etc.;
> f) direito das minorias e das diferenças étnicas: direito da mulher, do negro, do indígena, da pessoa LGBTQ+, do migrante, do deficiente, da criança, do idoso.

Para que os direitos do cidadão se concretizem, as esferas econômica e política têm que interagir. Só então os direitos se transformam em infraestrutura coletiva: postos de saúde, hospitais, escolas, abastecimento de eletricidade e água, saneamento básico, meios de transportes urbanos e rurais, infraestrutura rodoviária.

Quando o Estado assume os "problemas sociais" como questões de "sua" responsabilidade, ele desenvolve políticas públicas em prol da coletividade. Se isso acontece de forma precária e insuficiente, os postos de saúde têm poucos médicos, as farmácias comunitárias não têm medicamentos, os professores são mal remunerados em escolas depredadas e com poucos recursos materiais, o transporte público é deficiente, o patrimônio público e privado fica vulnerável. Nessas situações torna-se premente o fortalecimento dos laços solidários e do senso comunitário, que se desenvolvem a partir da consciência de participação dos indivíduos. No pensamento de Castoriadis (1982, p. 418): "a autotransformação da sociedade diz respeito ao fazer social – e, portanto, também político no sentido profundo do termo – dos homens na sociedade e a nada mais".

Para os filósofos gregos antigos, a verdadeira política é aquela voltada para a constituição verdadeiramente justa do viver comum em uma comunidade pública. Assim, surge o senso comunitário, que não se confunde com ideias iguais e ausência de conflito e de diferenças. Senso comunitário diz respeito a valores, normas, costumes de uma coletividade, em que seus membros adquirem a consciência do bem comum, o conjunto de condições de vida que uma sociedade oferece aos cidadãos e que deve ser preservado solidariamente.

É possível alcançar a cidadania por meio do trabalho voluntário. As pessoas que praticam o voluntariado sentem-se responsáveis por diminuir as situações de vulnerabilidade social e melhorar o seu entorno, sem substituir as políticas públicas.

O trabalho voluntário pode ser realizado de diversas formas, seja distribuindo alimentos e roupas para famílias carentes, seja apoiando moral e/ou financeiramente entidades sérias que atuam em prol de causas em que você acredita, seja você se dispondo a escutar a ajudar aqueles que sofrem ou se encontram em situações de risco social, só para exemplificar.

Há muito por fazer no campo de distribuição dos benefícios sociais. Na sua diversidade de causas e modalidades, a prática do voluntariado vai desde atender crianças em creches, acompanhar pessoas em tratamentos de saúde, fazer companhia a pessoas solitárias, idosas ou doentes, conversar com pessoas encarceradas, ensinar informática ou um ofício, alfabetizar, defender os povos indígenas e se engajar em ações para salvar espécies da fauna e da flora em extinção, combater a poluição ambiental de terras, águas e atmosfera, defender espaços verdes.

> **PARE E PENSE**
>
> • Quantas vezes já me propus a dar atenção verdadeira às pessoas ao meu entorno?
> • O que decido agora?
> Essa é uma decisão em direção ao outro, para que não nos vejamos exclusivamente como o "centro do mundo". Temos que nos conectar com o sentimento de humanidade no sentido de "pertencer", ter algo em comum.

O voluntariado é uma experiência agregadora, humanitária, solidária, cooperativa, baseada na gratuidade do serviço, não implicando necessariamente posicionamento religioso. O trabalho voluntário inspira-se no colocar-se a serviço, tornar-se o próximo do carente de um modo ativo.

Em termos institucionais, o voluntariado se expressa pelo chamado Terceiro Setor. Nele, as relações ocorrem entre o Estado e a sociedade civil com diferentes implicações, como o envolvimento em um projeto comum realizável. Outra forma de trabalho voluntário, tem sido a chamada responsabilidade social das empresas, cujos projetos visam ao atendimento a comunidades, à preservação de recursos ambientais ou culturais entre outros.

> **Em cartaz**
>
> • Assista ao filme *Elefante branco*, 2012. Direção de Pablo Trapero. Argentina.
> Relato de um trabalho solidário junto à população da periferia de Buenos Aires.

O trabalho voluntário é um engajamento ao fenômeno solidário extensivo. Essa é a concepção de dádiva, um bem que é ofertado, numa tripla obrigação do dar, receber e devolver, que firma os laços sociais. O antropólogo Marcel Mauss, que se inspirou na experiência dos Maori, aborígenes da Nova Zelândia, confere à dádiva o caráter de fato social total, por atingir todas as esferas: a econômica, a política, a jurídica, a religiosa. A dádiva implicava a devolução do espírito do doador (*hau*) contido no objeto doado e/ou na ação em favor de alguém. Em outras palavras, não importa o que é ofertado, o maior beneficiado é sempre o próprio doador.

Descoberta de si mesmo

- No trabalho voluntário realmente me disponibilizo a atender o outro?
- Deixo-me levar por condicionamentos culturais e temores para me decidir a uma ação voluntária?

Ser voluntário é, antes de tudo, uma escolha pessoal, é posicionar-se em favor dos que precisam de ajuda, é lançar o olhar além do "eu individualista". Nesse sentido, o individualismo é encontrado em duas vertentes: a doutrina moral, econômica ou política que valoriza a autonomia individual em detrimento de iniciativas da coletividade e a atitude egoísta de ausência de solidariedade. Nasce aí a resistência à vida em moldes mais solidários.

O trabalho voluntário ajuda a atenuar as consequências das escolhas políticas formais e organizadas, que nem sempre têm em mente o bem-estar social. Esperança, alento, alegria, ânimo, incentivo para continuar vivendo são resultados, nem sempre quantificáveis, do agir solidário. Faltam às iniciativas solidárias o apoio a projetos comunitários, incentivos legais e uma cultura de maior doação para o bem-estar dos vulneráveis, programas antipobreza, políticas sociais voltadas às minorias.

Ações solidárias trazem compensações ao indivíduo voluntário também por não ter permanecido omisso, esperando de "braços cruzados" pela ação do poder público. Persiste o esforço de mudança, o inconformismo com a situação social para quem acredita ser possível um outro mundo com o seu servir generoso. O Projeto de Vida ensina, nesse sentido, a olhar para si, avaliar o seu potencial e limitações, a saber relativizar as circunstâncias na trajetória vivida, a desenvolver a compaixão para consigo mesmo e poder transpor esse sentimento aos demais com quem compartilha a vida.

Não perca esta dica

- Leia o livro de Karen Armstrong: *Doze passos para uma vida de compaixão*. São Paulo: Paralela.

A leitura se propõe a revelar um ser humano mais compassivo.

Jogo rápido

Nosso Projeto de Vida acolhe e valoriza a dimensão do outro, do nosso senso comunitário de pertencimento às condições materiais da sociedade em que vivemos, o que implica ser solidário. O desenvolvimento do pensamento crítico e a atividade do voluntariado social levam à participação em projetos mais amplos no exercício da cidadania.

Planos de Esperança no meu Projeto de Vida			
Minha vida solidária	**Ações estratégicas a que me proponho**		
	Manter	Melhorar	Mudar
Adesão a atividades voluntárias			
Contribuição para uma causa maior			
Participação política em prol do bem comum			
Conhecimento dos problemas sociais e econômicos			

Data:

Como está a minha situação pessoal hoje?

O que eu posso fazer nesse caso?

Prazo para alcançar resultados animadores:

5.3 Lazer – Para dar tempo à vida

Como evadir-se da vida de obrigações? Muito do que denominamos lazer são hábitos culturais de utilização do tempo de não trabalho. Em nossa cultura, o lazer passa a ser uma necessidade física e mental para repor a energia consumida nas atividades profissionais e nos estudos, mas não só. Há uma "compensação mental" para a vida marcada pelos horários monótonos da organização, como que uma participação superficial, fútil, inquieta no estado de ser e fazer nos dias de hoje.

O lazer impõe-se como um tempo ganho sobre o trabalho, afirma o sociólogo Joffre Dumazedier e se diferencia com nova repartição: final de semana, férias, feriados, feriados prolongados, *happy hour*. Houve uma ampliação, uma estabilização, uma cotização do tempo livre. Você compreende o que aconteceu? O lazer se tornou uma necessidade em si, buscada como um tempo de nada fazer, de entretenimento. Enfim, tornou-se algo banal, rotineiro, uma quase necessidade primária.

O lazer é uma invenção social recente ao se generalizar a ideia de tempo livre em oposição ao de trabalho. Era privilégio daqueles que, pertencendo às classes dominantes, também podiam se isentar de trabalhar e, com isso, usufruir os prazeres da vida (caça, pesca, viagens, recitais de artes, reuniões, chás, cafés). Vem daí a velha discussão entre ócio e trabalho.

As grandes transformações sociais ampliaram as oportunidades de ocupação e a ideia de lazer impôs-se. Em verdade, o acesso ao mundo ampliou-se e, com ele, novas visões de como vivê-lo. Mundo e lazer são mesmo uma grande narrativa compartilhada, basta lembrar da indústria do turismo.

Existe hoje uma cultura do lazer. A personalidade negada do trabalho tenta encontrar no tempo livre uma compensação de fruição da vida, tal é o pensamento do sociólogo Edgar Morin (1997, p. 68), para quem o lazer moderno surge "como o tecido mesmo da vida pessoal, o centro onde o homem procura se afirmar enquanto indivíduo privado. [...] a cultura de massa toma o lugar de uma ética do trabalho e insufla, agora, uma ética do lazer".

> **PARE E PENSE**
>
> • Caro leitor, você tem alguma intenção de usar melhor o seu tempo?
> • Já pensou em mudar a rotina?
> Que tal priorizar o tempo livre para praticar um esporte, conviver com a família, cuidar da saúde, defender uma grande causa?
> Coloque em prática novas atitudes. Explicite, de início, pelo menos uma ação; basta uma e nela se empenhe para formar um bom hábito. Procure reconhecer-se numa relação saudável com você mesmo e com os outros. Aproveite cada momento e esteja presente nele completamente. Explore bem o seu tempo.

A cultura de massa traz uma concepção lúdica da vida, e o lazer se torna um estilo de vida. Padrões semelhantes de hábitos culturais e de consumo de bens materiais e simbólicos são adotados por agrupamentos sociais, que com eles se identificam. Como pessoas veem e vivenciam o mundo influencia suas escolhas nos âmbitos da alimentação, educação, esportes, lazer, vestuário, comunicação, transportes, trabalho etc. Alguns estilos de vida são bem característicos de grupos específicos que já tiveram seu auge na história, como os das "tribos urbanas" *punks*, góticas e hippies, ou daqueles em voga na atualidade, como as "tribos" dos *hipsters, geeks, indies* e *cosplayers*.

Descoberta de si mesmo

- Quais atividades me dão maior satisfação, desde as mais simples e rotineiras?
- Como tenho aproveitado o meu tempo livre?

Com o lazer e o divertimento estamos em "um outro lugar". O lar nunca foi tanto "um outro lugar" com o jornal, a televisão, o rádio, o celular e a internet presentes nas casas. A participação do espectador se dá pela mediação de aparelhos eletrônicos, equipamentos digitais, recursos virtuais em qualquer tempo e lugar. O homem moderno é um espectador passivo, vê tudo em um plano aproximado como um *zoom*, mesmo estando a uma distância impalpável. Muitas vezes nos sensibilizamos com uma tragédia a milhares de quilômetros e somos indiferentes a um acidente de trânsito com vítimas na esquina de nossa rua.

Sabendo da força manipuladora e ilusória da mídia, a decisão da escolha de quais atividades serão as mais adequadas, agradáveis, regeneradoras para as horas de lazer é apenas do indivíduo. Selecione, portanto, caro leitor, aquilo que deseja usufruir e seja compatível com os seus valores, interesses, talentos e realmente lhe traga satisfação.

Vivência

Elabore listas em duas colunas: a do "ser" e a do "ter". Escreva suas necessidades do momento que está vivendo de trabalho e estudos, convivência com familiares e amigos, saúde e alimentação, e justifique para si a sua escolha de algumas formas de lazer.

Os indivíduos procuram ter o seu foco de interesse e ação, mas comparam-se com seus pares numa atração que os seduz e desvia do rumo. Nesse sentido, o sociólogo Ulrich Beck (2008, p. 12) formula uma das teses de como construir a própria vida: "A vida depende das instituições sociais, embora os indivíduos tenham sua autotematização". E explica: todos desejam fazer algo de próprio, são criativos, reativos, inventivos para prevalecer à concorrência, embora o mundo se apresente numa complexa rede social de benefícios e demandas a cada instante.

Há uma busca individual de compensação para a vida que se torna rotineira e desinteressante e, com isso, aumenta a procura por atividades de entretenimento, lazer, hobbies, derivações que levem a fugir da mesmice, ainda que seriados de televisão, *shows*, teatro, cinema, arte e literatura reproduzam muitas vezes os padrões do estilo moderno de vida.

Possivelmente o esforço para bem viver esteja em não perder o tema da nossa vida. Para isso, é importante atualizar nossos sonhos, responder com flexibilidade às alternativas do dia a dia, relativizar a importância que as pessoas, os objetos e os contextos sociais, culturais, políticos têm para nós.

Teste sua habilidade de autotematizar-se

Jogo rápido dos propósitos

Caro leitor, mergulhe nessas intenções para um período que se inicia e é sempre você quem o faz. Assinale as respostas com as quais mais se identifica, crie outras e elabore planos estratégicos para alcançar o que se propõe. Tematize a construção da sua vida.

( ) Promover a paz – ( ) Esvaziar gavetas – ( ) Voltar a jogar futebol – ( ) Ousar mais – ( ) Ter fé – ( ) Um mundo mais sustentável – ( ) Não fumar – ( ) Passar no vestibular – ( ) Vencer o medo – ( ) Um jantar à luz de velas – ( ) Mudar de emprego – ( ) Terminar meu curso de graduação – ( ) Namorar mais – ( ) Perdoar alguém – ( ) Andar mais de bicicleta – ( ) Aprender um novo idioma – ( ) Aproveitar uma oportunidade – ( ) Mudar a rotina – ( ) Dormir até tarde – ( ) Marcar gol do título – ( ) Contar mais piadas – ( ) Fazer uma boa ação – ( ) Começar um projeto novo – ( ) Melhorar a postura – ( ) Decidir por um trabalho voluntário – ( ) Aprender a cozinhar – ( ) Ficar zen no trânsito – ( ) Viajar mais – ( ) Escalar montanhas – ( ) Um final de semana na praia – ( ) Ajudar alguém que precisa – ( ) Mandar flores – ( ) Rir dos próprios erros – ( ) Orar e agradecer – ( ) Abraçar mais – ( ) Tomar banho de cachoeira – ( ) Estudar com vontade – ( ) Acordar mais cedo – ( ) Ir ao cinema – ( ) Dar um basta na violência – ( ) Curtir o sol – ( ) Criar um blog – ( ) Comer jabuticaba no pé – ( ) Cuidar do pet – ( ) Fazer as pazes comigo mesmo – ( ) Não comer tanta guloseima – ( ) Programar a viagem dos sonhos – ( ) Fazer uma coisa diferente – ( ) Arranjar um emprego – ( ) Participar de um coral – ( ) Menos poluição – ( ) Perdoar alguém – ( ) Correr uma maratona – ( ) Ler mais – ( ) Assistir aos *shows* que eu gosto – ( ) Mudar um hábito que me incomoda – ( ) Provocar mais cooperação entre as pessoas – ( ) Desperdiçar menos – ( ) Ampliar a consciência ecológica – ( ) Ser mais solidário – ( ) Visitar um(a) amigo(a) – ( ) Fazer nova capacitação – ( ) Levar a academia a sério – ( ) Cumprimentar os vizinhos –

( ) Descobrir uma nova praia – ( ) Ver mais o pôr do sol – ( ) Ficar olhando a Lua – ( ) – Publicar meu livro – ( ) Viver mais aventuras – ( ) Pedir desculpas por algo – ( ) Ir a um concerto – ( ) Andar mais a pé – ( ) Investir com segurança – ( ) Jogar conversa fora com a turma – ( ) Voar de asa delta – ( ) Irritar-me menos – ( ) Comprar uma casa – ( ) Terminar de escrever a tese – ( ) Fazer caminhadas – ( ) Ouvir mais música – ( ) Ir na casa da avó – ( ) Encarar um novo aluguel – ( ) Passar a tarde vendo TV – ( ) Começar uma dieta – ( ) Passar mais tempo com a família – ( ) Fazer um elogio – ( ) Vencer a timidez – ( ) Sorrir mais – ( ) Fazer intercâmbio – ( ) Ser voluntário – ( ) Escolher um hobby que me traga alegria – ( ) Conversar com meus pais – ( ) Ler um livro desejado – ( ) Estudar com método – ( ) Curtir minha cidade – ( ) Andar mais descalço – ( ) Esvaziar minha mochila – ( ) Plantar uma árvore – ( ) Preparar uma festa surpresa para alguém – ( ) Aprender a tocar um instrumento musical – ( ) Ter um novo amor – ( ) Ler uma biografia legal – ( ) Escrever uma poesia – ( ) Fazer render o dinheiro que eu ganho – ( ) Passar num concurso – ( ) Cuidar da saúde – ( ) Conversar com meus professores – ( ) Passear mais em parques – ( ) Ter foco no meu Projeto de Vida – ( ) Andar na chuva – ( ) Sair um pouco da telinha – ( ) Comprar uma casa – ( ) Dormir mais cedo – ( ) Acreditar mais em mim – ( ) Lembrar da minha infância – ( ) Mudar o penteado – ( ) Guardar um segredo – ( ) Pesquisar sobre um tema que me atrai – ( ) Meditar – ( ) Curtir o novo visual do(a) colega – ( ) Ajudar nas atividades da casa – ( ) Colocar em dia minhas vacinas – ( ) Pôr ordem na minha mesa de trabalho – ( ) Ligar para aquele amigo de infância – ( ) Participar de um projeto na comunidade – ( ) Ver menos TV – ( ) Defender o ecossistema – ( ) Defender minhas opiniões – ( ) Participar de uma obra social – ( ) Aprender a ouvir – ( ) Ir à igreja – ( ) Poupar dinheiro – ( ) Contar até dez para não me irritar – ( ) Fazer um novo curso – ( ) Dormir de 7 a 8 horas – ( ) – Fazer um curso de pós-graduação – ( ) Ir mais ao teatro

A prática da autotematização nos ajuda a definir as áreas de interesse, que motivam saber mais, despertam a curiosidade e impulsionam a realizar algo que queremos, permitindo até descobrir o que gostamos. Simplesmente são coisas que fazem sentido em diferentes momentos da vida, uma vez que nossos interesses também mudam e precisam ser revistos. O importante é que nos façam crescer como pessoas e nos ajudem a desenvolver nossas potencialidades.

Vivência

Áreas de interesse

Faça uma lista dos seus múltiplos interesses e vá riscando-os ao realizá-los. Podem ser leituras, filmes, conversas, cursos, pesquisas, participação em grupos de uma área específica, como: política, artes, botânica, meditação, biografias, viagens, psicologia, ética, música, economia etc. Só depende de você.

À medida que ativa os seus interesses, você vai se conhecendo melhor, experimentando e organizando suas referências.

Nossa vida é feita de mil propósitos e de muitos sonhos. Não queremos ficar para trás, seguimos o ritmo do tempo que vai passando, também ele prometendo ficar melhor amanhã. Vivemos por antecipação, mas tudo começa no hoje. Procuremos, por isso, cumprir nossas promessas em busca de viver o tempo presente, pois o futuro chegará.

Lembre-se, porém, que confrontar os sonhos com o princípio da realidade nos ajuda a manter os pés no chão. Se temos muito entusiasmo ou dele carecemos, os nossos planos não são realistas. É fundamental ouvir seu coração, reavaliar suas estratégias e escutar os amigos. A sensatez nos blinda de acreditar no inacreditável e, assim, nos prendermos aos mercadores de sonhos.

A esperança proporciona confiança para alcançar um propósito indo além do sonho. Ela ajuda a detectar os sinais para saber se está no rumo correto e resolver problemas. A correção de rota de um plano aplica-se ao Projeto de Vida para se manter orientado, tendo claro onde deseja chegar. No trajeto dos sonhos você vai encontrar dificuldades, obstáculos e muitas crenças que o impedirão de avançar. É preciso, então, ser perseverante e consistente em sua busca, procurando não desanimar e nem desistir ao se deparar com as esperadas pedras no caminho.

Se eu pudesse voar...

Se eu pudesse voar... sairia de casa à hora que quisesse e olharia o mundo por outros ângulos. Que maravilha ver tudo de cima, bisbilhotar a vizinhança, espiar portas entreabertas e janelas mal fechadas! Sobrevoaria cidades e campos, mares e desertos, sentando-me à beira de um riacho quando me aprouvesse.

Se eu pudesse voar... seria livre, passaria de um lugar a outro, de instante a instante, sem me prender a nada. Anoiteceria no Japão para, em seguida, ver o sol nascer numa tranquila praia do litoral brasileiro.

Se eu pudesse voar... registraria panorâmicas em grandes lentes de precisão e minúsculos detalhes. Veria Deus em todas as coisas e saudaria Sua presença no orvalho da relva, no sorriso de um velhinho, no lampejo de inteligência de uma criança.

Se eu pudesse voar... de bem com a vida, driblaria problemas de relacionamento, colocando à prova a capacidade de descoberta do outro sem inibir minha própria investida.

Se eu pudesse voar... imaginaria voos rasantes sobre lugares jamais visitados, qual explorador moderno a me transportar a outras culturas e povos, os mais exóticos e singulares, e com eles aprenderia muito.

Se eu pudesse voar... desafiaria a velocidade e, presente em muitos lugares quase ao mesmo tempo, compararia situações tirando delas o melhor proveito.

Se eu pudesse voar... invadiria conhecimentos ainda escondidos da mente humana, no fascínio de um pesquisador em peculiaridades e, travestido de cateter, navegaria pelos insondáveis mistérios da psique humana.

Se eu pudesse voar... abriria mil veredas no horizonte e pularia amarelinha nas fronteiras geográficas. Viajante, pousaria onde quisesse, apenas encolhendo as asas para passar por fendas estreitas de saberes guardados.

Se eu pudesse voar... sairia de situações incômodas e constrangedoras para a amplidão do céu, despedindo-me gentilmente de encontros entediosos.

Se eu pudesse voar... seria passageiro dos cometas e hóspede das estrelas. Na corcova de um camelo passearia pelas areias do Saara para chegar às tendas dos tuaregs e de lá, num passe de mágica, escorregaria por telhados inchados de neve no sul da França.

Ah, se eu pudesse voar! Teria outros truques! Inverteria o tempo e a condição dos seres para captar a engrenagem divina do organismo vivo. Veria por dentro a natureza da natureza e, por fora, o trabalho acumulado de homens de todos os séculos.

Se eu pudesse voar... não estaria aqui escrevendo, faria mais que isso. Sairia de mim para chegar aos outros, derrubando paredes, fazendo circular o ar nas entranhas. Abandonaria ranzinzices e curtiria a vida no que ela tem de melhor: os meus olhos de apreensão da profundidade e das cores, meu raciocínio e concatenação das ideias, minha imaginação indomável de eterna adolescente curiosa.

Ah! Se soubesse voar... Mas eu sei e posso fazê-lo! Voei agora e voamos juntos, graças à capacidade de ler. Ler é voar.

Ler é superar a dimensão que nos mantém presos ao terreno pequeno dos nossos limites. É saber o que não sabemos e nada sabemos por completo. Ler é sorver aos poucos um gole de cada vez, qual delicioso espumante.

Ler é sentir-nos livres das ideologias radicais que nos tolhem a capacidade crítica, é dialogar com homens e mulheres de todos os tempos. Ler é fazer do autor um parceiro de caminhadas, uma interlocução infindável até a próxima parada. Ler é conhecer a nós mesmos sem sentar-se no divã do analista, conhecer os outros, a nossa volta, o que passou e o que virá.

Ler é alimentar o espírito para que o corpo se entregue ao torpor da viagem:

Atenção! Atenção! Senhores passageiros da "Leitura Companhia Aérea Dê Asas à Imaginação", queiram comparecer imediatamente ao portão de embarque munidos dos seus óculos. Boa viagem! (Silvia Maria de Araújo).

Presente no mundo

Caro leitor, o texto *Se eu pudesse voar...* é um exemplo da possibilidade de tematização do tempo. Ler não é apenas estudar, é também uma forma de lazer. Participe de um clube de leitura. Selecione um interesse para desenvolver os seus talentos. Planeje o que fazer com seu tempo livre.

Profissionais da área de Psicologia recomendam arranjar tempo no qual seja possível manter compromissos consigo mesmo, por escolha própria. Esses espaço-tempos são verdadeiras válvulas de escape para manter o equilíbrio nas diversas dimensões da vida. Nesse sentido, manter a proposta de dedicar-se a um projeto pessoal, um *hobby* ou um trabalho voluntário que beneficie outras pessoas é saudável, tanto para o corpo quanto para a mente.

Não perca esta dica

• Leia o livro de Frederic Gros: *Caminhar, uma filosofia*. São Paulo: É Realizações.

Mais do que definir o caminhar, a leitura mostra a caminhada como um ato filosófico e uma experiência espiritual.

Jogo rápido

Quando tematizamos a vida com ideias-ação que ocupam nossa mente com algo que nos dá prazer, como as atividades de lazer, exercitamos alternativas de compensação para o cansaço, o desgaste físico e emocional e rompemos com o ritmo do dia a dia. Para os neurocientistas, o distrair-se antes de tomar decisões importantes ajuda o cérebro a fazer boas escolhas. Precisamos nos perguntar sempre: O que nos acrescenta o direcionamento do interesse cultural?

Em cartaz

• Assista ao filme *O segredo dos seus olhos*, 2009. Direção de Juan José Campanella. Argentina.

Com alternâncias do tempo passado e presente, o filme transcorre sobre vidas que não concretizaram o amor.

Planos de Capacitação no meu Projeto de Vida			
Minha vida de lazer	**Ações estratégicas a que me proponho**		
	Manter	Melhorar	Mudar
Tempo de lazer			
Meus *hobbies*			
Atividades culturais			
Atividades esportivas			
O que eu mais gosto de fazer?			
Minhas outras áreas de interesse			

Data:

Como está a minha situação pessoal hoje?

O que eu posso fazer nesse caso?

Prazo para alcançar resultados animadores:

6
Meu Projeto de Vida

6
Meu Projeto de Vida

Para transformar seus sonhos em realidade é importante planejar a vida, assumindo compromissos práticos. Trabalhar o agora num processo de delinear o quer viver. Essa é uma realização pessoal possível e verdadeira. Alguns passos são necessários confrontando o passado, o futuro e o presente. Planejar é aprender a lidar com o tempo a seu favor. Defina os resultados que deseja alcançar, busque soluções e redirecione o seu caminho.

Descoberta de si mesmo

1°) passo: De onde vim? Aonde consegui chegar?
2°) passo: Conheço-me? O que pretendo? Quais são os meus propósitos?
3°) passo: De que condições e quais meios disponho para me realizar?

Diante das alternativas que se apresentam, habilite-se a fazer suas escolhas tendo clareza sobre as questões postas e pretendidas, afastando assim o medo de algo dar errado. Saber fazer escolhas a cada tempo é fruto de amadurecimento e de nossa liberdade para tomar decisões e suas consequentes responsabilidades. Nossas ações representam valores sociais, morais, éticos e obter o equilíbrio entre as diferentes dimensões da vida é um exercício de sabedoria.

O inusitado é a vida ser única e se concretizar num "enquanto nós nos construímos como pessoas", um tempo de experiências sempre renovadas e constantemente inacabadas, obrigando-nos a confrontar com o inesperado e a pensar e a agir centrados em nós de forma dinâmica. Tenhamos como intenções na vida em projeto:

a) acolher o momento (não ficar achando que poderia ser diferente em outra hora);

b) não procrastinar (de que adianta deixar o início sempre para outra hora?);

c) aproveitar as oportunidades e circunstâncias (saber avaliar as condições que se apresentam);

d) estar em permanente estado de alerta para a autorrealização (conhecer e desenvolver os seus talentos e capacidades);

e) fazer a experiência de viver consciente em suas buscas (ser determinado na conquista dos objetivos).

A experiência somente se dá nas observações individuais. Ela se acumula e se renova em outras experiências, confirmadas e repetidas. Sobre o autoconhecimento, o filósofo Hans-Georg Gadamer afirma que toda experiência contém, dialeticamente, a referência a novas experiências. Esse é um processo corretivo na medida em que permite ver o que antes não havia sido percebido. Desse modo, continuamos experimentando e abrindo novos horizontes sempre.

O que eles têm a dizer

Em muitos âmbitos acontece a experiência, segundo o psicólogo Eugène Enriquez:

> a) aquela personalíssima do reconhecimento interior, tomando consciência das nossas múltiplas e até superpostas identidades;
> b) a necessária, que surge dos acontecimentos e se traduz na abertura ao imprevisto e até à ousadia;
> c) a experiência propriamente dita da ação, que ultrapassa a reflexão e nos inquieta diante da realidade que se nos apresenta.

Experiência é, portanto, o movimento que a consciência realiza ao eleger um novo objeto de atenção e o correlaciona com outros fatos e situações, tirando daí um saber nunca concludente. Sem derivar, enfoque seus interesses para se conhecer a fundo e, assim, poder realizar o seu Projeto de Vida de modo autêntico e exclusivo. Ele será instrumento em resposta aos seus anseios para justamente ser quem você é sem imitar outras pessoas.

Descoberta de si mesmo

Caro leitor, uma das melhores experiências de autoaperfeiçoamento é aprender a fazer uso do seu tempo. Não queira recorrer a todas as alternativas de uma só vez, nem inicie muitos projetos ao mesmo tempo. Organize o seu esforço, priorizando os interesses nas dimensões da vida. Ao eleger o essencial, você deixa de fazer o que é irrelevante e se concentra no que realmente importa concretizar. Não se iluda – o dia tem exatamente 24 horas para todos –, e se algumas pessoas que você admira realizam mais é porque sabem selecionar o que fazer em cada fase da vida, aproveitando o seu tempo.

O empenho em seu desenvolvimento pessoal ninguém pode suprimir e você terá mais tempo e energia para as pessoas e as coisas que realmente lhe trazem ganhos emocionais, como bem-estar, realização, autoestima, altruísmo. Para melhor usar o seu tempo, siga algumas dessas recomendações e observe os resultados:

1) *Busque soluções.* Force sua mente a se concentrar em ações imediatas e eficazes.

2) *Trate suas atividades por lote*, com começo, meio e fim. Não puxe todas as meadas de um mesmo novelo.

3) *Dê valor às pessoas e às coisas* antes mesmo de receber algo. A recompensa virá ao seu tempo. Plante suas próprias sementes.

4) *Seja proativo.* Não espere que as coisas aconteçam sozinhas. Assuma o controle de sua vida.

5) *Aprenda a tirar lições dos seus erros*. Não fique se lamentando quando algo não dá certo. Arrisque experimentar de novo.

6) *Persista*. Não desista daquilo que quer ser. Afaste a exagerada preocupação de ter ou não sucesso.

7) *Pegue mais leve com você mesmo*. Não queira ser perfeito nem exija tanto de si.

8) *Mantenha o seu foco*. Defina metas e as reavalie com frequência o que deseja e precisa alcançar.

9) *Conserve uma atitude positiva*. Se estiver ou se perceber negativo ou pouco agregador, mude sua atitude. Isso cria uma nova realidade.

Não perca esta dica

- Visite o blog www.positivityblog.com de Henrik Edberg, que escreve sobre paz, felicidade, autoestima, superação de medos.

O psicólogo Martin Seligman recomenda procurar quais são as causas permanentes e generalizadas para os acontecimentos positivos e as causas temporais e específicas para os considerados negativos. Essa é a prática da arte da esperança. Podemos, sem voar nas nuvens, aprender a dar o verdadeiro valor dos eventos cotidianos. De que modo isso é possível? Pensemos que a maioria das coisas que temermos não acontecem e muitas das nossas preocupações não se realizam. Alimentemos o sentimento de estar sempre atentos e com confiança concretizar aquilo pelo qual lutamos.

Como cultivar a esperança? Autocorrigindo-se. Como fazer isso? Se você pensa que as coisas vão mal porque se acha incompetente e que vão bem porque o dia foi favorável, inverta esse pensamento. Não se culpe, reaja ao avaliar um acontecimento vivido, como disputar uma vaga de emprego, levando em conta não apenas o seu desempenho na entrevista, mas a compatibilidade entre sua capacitação e as exigências da empresa.

Vivência

Caro leitor, convidamos você a imaginar o futuro. Ser capaz de avaliar o que virá e projetar-se é a recomendação do psicólogo Martin Seligman.

Coloque-se adiante no plano da conquista, pratique a técnica do alpinista. Ou seja, planeje a sua estratégia para alcançar o objetivo, utilizando o ponto de chegada como partida. Trace seus passos de traz para a frente até o ponto do início da caminhada. Terá, então, uma visão completa do caminho a ser percorrido. Você chegará ao presente com uma sequência de micro-objetivos para alcançar o seu sonho. Assim é o planejamento dos escaladores de montanhas.

Antever a realização dos seus planos é eficaz para estabelecer e alcançar metas realistas. Só é possível aplicá-los se você conta com uma força humana adicional: a esperança.

O Projeto de Vida nos propicia a alegria da realização nas esferas pessoal, da convivência social, da formação e capacitação e da cidadania. As metas estabelecidas nas diferentes dimensões da vida nos levarão a aceitar e a trabalhar nossas limitações. Despertados para o melhor do que somos, estamos no rumo para encontrar o sentido da vida. Afinal, realizar o projeto é dar forma e conteúdo para uma existência afirmativa. O seu Projeto de Vida é de inestimável valor para você e, por extensão, para aqueles com os quais convive na família, no trabalho, nos círculos de interesse. Para realizá-lo, reforce sua disciplina e persista em fazer o que tem que ser feito. Desenvolva hábitos e rotinas saudáveis para que as ações aconteçam, incorporando alguns procedimentos básicos:

a) Comprometa-se de fato com o seu Projeto de Vida (é o que você realmente quer).

b) Aceite que o Projeto de Vida está sempre inacabado (você o está construindo e aprimorando).

c) Reveja o Projeto de Vida periodicamente (atualize os seus interesses).

d) Pergunte-se: O que eu perco se não realizar o meu Projeto de Vida?

O Projeto de Vida guiará sua determinação e vontade, como um mapa do tesouro escondido dentro de si mesmo. Tal qual um navegante, você terá em mãos um plano para sua vida, como um GPS, ganhando confiança e segurança para implementar ações estratégicas. Por isso, um Projeto de Vida requer:

a) Conhecer-se mais e melhor.

b) Tomar decisões equilibradas.

c) Definir metas, que sejam mensuráveis, específicas, temporais, alcançáveis, significativas.

d) Planejar as ações pertinentes e colocá-las em prática.

e) Reavaliar os seus propósitos.

f) Alcançar o equilíbrio entre as diversas dimensões da vida: física, intelectual, emocional, familiar, amizades, relacionamento afetivo, estudos, trabalho, material, espiritual, solidária, lazer.

Valendo-se das técnicas dos "3 Ps" (Propósitos, Prioridades e Prazos) e dos "3 Ms" (Manter, Melhorar, Mudar), você pode e deve planejar em todas as dimensões significativas da vida. Estabeleça seus propósitos com clareza sobre os valores que o orientam. Afastará, assim, a insegurança, a angústia, a indecisão, sem relegar depois, outro dia, um talvez, que pode não chegar. Ao eleger prioridades e ações consideradas importantes a cada tempo, você pode mudar, incorporar novos hábitos, dar continuidade àqueles adquiridos e mesmo sustá-los.

Elaborado o Projeto de Vida e os planos para concretizá-lo, você determina as metas, prioridades e prazos a serem cumpridos. Procure sempre rever o que se propôs a realizar, conforme sua visão de mundo. Não esqueça: à medida que avança em direção dos seus objetivos a escalada é ascendente e você ganha motivação, mas é fundamental gerenciar o próprio tempo.

Para formular o seu Projeto de Vida, leve em conta os seus valores, sua base de convicções, sua história de vida, sua personalidade, sua tendência de comportamento, suas qualidades e fraquezas, os papéis sociais que desempenha, as condições físicas, de saúde e psíquicas de que dispõe, o que tem se proposto, os hábitos adquiridos, como tem pensado, agido e o que pretende alcançar em aspectos específicos da vida.

Um método auxiliar no Projeto de Vida diz respeito ao discernimento. Ao distinguir as opções de ação para atingir seus propósitos, você se colocará prioridades e respectivos prazos, ganhando impulso para prosseguir. Tão importante quanto dar início, estabelecer e começar a cumprir uma meta, é saber dar-lhe continuidade, assumindo o controle da sua vida. Ao valorizar as pequenas vitórias, você ganhará forças para continuar a conquista dos objetivos com constância.

Ter e seguir um Projeto de Vida é algo que deve permanecer ao longo do tempo, renovando-se quando necessário. Com esforço continuado para realizá-lo, os resultados aparecem como prêmio merecido.

Presente no mundo

ABC do bem-estar

ABC da saúde

- *Alimente-se* de modo saudável e acalme a sua mente.
- *Beba* muita água durante o dia.

- *Caminhe*, pelo menos, de 30 a 50 minutos todos os dias.
- *Durma* de 7 a 8 horas por noite.
- *Exercite-se* física e mentalmente.

ABC pessoal
- *Faça* algo de bom aos outros diariamente.
- *Garanta* sua gratidão pela vida.
- *Há que viver* nos seus limites; não se exceda.
- *Invente-se* a cada desafio.
- *Jogue fora* o que não é útil, bom ou alegre.
- *Leve a vida* com leveza.

ABC da sociedade
- *Mantenha* contato com os amigos e familiares.
- *Nunca* se compare a ninguém; você é único.
- *Ore e labore*, lembrando que o seu trabalho não é tudo.
- *Perdoe* sempre, inclusive você mesmo.
- *Qualifique-se* para conviver em harmonia; ame as pessoas que o amam.
- *Respeite* os outros e faça-se respeitar.

ABC da vida
- *Sorria* mais; seja bem-humorado.
- *Tenha* consciência de que está sempre aprendendo.
- *Una* forças em torno da sua família.
- *Valorize-se* pelo que é capaz; você tem tudo de que necessita.
- *Xerox* não; seja original e autêntico.
- *Zele* pela sua formação e história de vida.

Ao longo da vida vamos construindo o nosso futuro de uma forma solta e, muitas vezes, irresponsável e inconsequente. Iniciativas bem pensadas podem nos conduzir a um outro nível espiritual, moral, intelectual, material até chegar ao conforto financeiro na medida certa. Esse crescimento para um estado de quietude e paz interior pode ser planejado e conquistado de forma persistente. Basta nos conscientizarmos que o Projeto de Vida – esboçado, escrito, avaliado, aprimorado e realizado nas etapas da juventude e da maturidade –, será o grande divisor de águas. É fundamental saber aonde queremos chegar por meio dos estudos, dedicação ao trabalho e à família, laços que haveremos de construir e zelar.

O que eles têm a dizer

Curar o medo, alimentar a alegria

Aprendi a praticar sete atitudes muito positivas para a minha vida.

1) *Cuidar da saúde*: é necessário ter tempo, dinheiro e atenção para com a saúde do corpo e da alma. Descobri que a saúde é o meu bem mais precioso.

2) *Valorizar o tempo*: usar o tempo e colocar o foco naquilo que dá significado à vida.

3) *Priorizar o Projeto de Vida*: focar naquilo que pode fazer a diferença no mundo.

4) *Dizer não*: evitar o que provoca doença, preocupação e desperdício de tempo.

5) *Faxinar a casa e a vida*: deletar tudo o que é desnecessário e tóxico. Doei roupas, sapatos, livros; saí

> dos grupos de WhatsApp e me afastei de pessoas que sugavam a minha energia, saúde e alegria, os vampiros emocionais.
>
> *6) Agradecer à vida*: ter gratidão por tudo o que acontece, inclusive pelas dificuldades.
>
> *7) Alimentar a alegria*: saborear o tempo presente, prestar atenção às pequenas coisas que fazem bem ao corpo e à alma. Adotei as ideias de *joy, enjoy, joie de vivre*: apreciar a vida, ter alegria de viver, entusiasmo pela vida (GOLDENBERG, 2020).

As coisas não são fáceis, nem vêm prontas, há necessidade de planejamento. Os obstáculos aparecem, porém o Projeto de Vida, elaborado de modo consciente, fornece o incentivo que precisamos nos períodos de desânimo, descrença, injustiças, incompreensões, doenças, desgastes, que certamente surgirão. A vontade é aquela do vencedor que nunca desiste. Garantindo fidelidade aos objetivos, vamos consolidando os avanços, etapa por etapa, numa perspectiva acumulada de conhecimento e sabedoria. Damos, então, um novo significado à vida e, potencializando nossas virtudes, faremos frente à insegurança dos começos, à finitude da existência.

Com discernimento, autonomia e autenticidade é possível abraçar o Projeto de Vida focado no presente e pensando no futuro. Ele expressará o sentido maior que você quer dar à vida nas diversas dimensões, concretizando-se em realização pessoal. Como na imagem inicial deste livro, a pedra lançada mergulhará na placidez do espelho d'água e você se conhecerá mais para viver melhor.

Meu Projeto de Vida
O que eu mais desejo na vida neste momento?
De que forças pessoais me valho para conseguir o que quero?
Nome: Data: Propósitos: Prioridades: Prazos: Rever este projeto em:

Esferas da Vida	Propósitos – Prioridades – Prazos		
	Manter	Melhorar	Mudar
Planos de Formação – Dimensão pessoal • Sou o que penso que sou?			
Física			
Intelectual			
Emocional			
Planos de Convivência Social – Dimensão social • Sei conviver na aceitação do outro e no compartilhar?			
Familiar			
Social/ amizades			
Relacionamento afetivo			

Planos de Capacitação – Dimensão profissional			
• Como posso me capacitar ainda mais?			
Estudos			
Trabalho			
Material			
Planos de Esperança – Dimensão cidadã			
• O que faço para manter a esperança?			
Espiritual			
Solidária			
Lazer			

Quem é?

Adélia Prado (1935-): poetisa, professora, filósofa e contista brasileira. Ligada ao Modernismo, sua obra retrata o cotidiano com estilo lúdico.

Agnes Heller (1929-2019): filósofa e ensaísta húngara, professora de Sociologia, produziu uma teoria do cotidiano.

Ailton Krenak (1953-): líder indígena, ambientalista e escritor brasileiro, discute a condição da humanidade nos tempos atuais.

Alain Touraine (1925-): sociólogo francês conhecido por seus livros de Sociologia do Trabalho e sobre os movimentos sociais.

Albert Einstein (1879-1955): físico alemão, propôs a Teoria da Relatividade Geral na Física Moderna, pilar da Mecânica Quântica, que considera o tempo relativo e mutável.

Alfred Schutz (1899-1959): filósofo, sociólogo e metodólogo austríaco, desenvolveu estudos sobre as relações sociais na perspectiva fenomenológica.

Anselm Grün (1945-): monge alemão da Ordem de São Bento, autor de livros sobre espiritualidade.

Anthony Giddens (1938-): sociólogo britânico, foi professor da Universidade de Cambridge, contribuiu com a teoria social e questões contemporâneas.

Arthur Schopenhauer (1788-1860): filósofo alemão, trouxe à reflexão *O mundo como vontade e representação,* sua obra principal.

Bartolomeu Campos de Queirós (1944-2012): literato brasileiro premiado, um dos principais autores de ficção infanto-juvenil.

Benjamin Franklin (1706-1790): jornalista, editor, autor, como inventor fez experiências com a eletricidade e foi um dos líderes da Independência norte-americana.

Bertrand Russell (1872-1970): filósofo e matemático, Nobel de Literatura de 1950.

Boaventura de Sousa Santos (1940-): professor português formado em Direito, Filosofia e Sociologia, investiga globalização e direitos humanos na Univ. de Coimbra.

Carmen Leccardi (1950-): socióloga italiana, professora da Universidade de Milão-Biccoca, com estudos na área de Sociologia da Cultura.

Charles Darwin (1809-1882): naturalista, geólogo e biólogo inglês, cujos estudos fizeram avançar a Teoria da Evolução das Espécies.

Charles Wright Mills (1916-1962): sociólogo norte-americano, professor na Universidade de Columbia, autor do livro *A imaginação sociológica*.

Clifford Geertz (1926-2006): antropólogo norte-americano, professor emérito da Universidade de Princeton, analisa a prática simbólica nos fenômenos sociais.

Cornelius Castoriadis (1922-1997): filósofo, economista e psicanalista grego, viveu na França. Produziu na Filosofia Política o conceito de autonomia política.

Dalai Lama (1935-): monge budista e líder espiritual tibetano. Recebeu o Prêmio Nobel da Paz em 1989.

Daniel Goleman (1946-): psicólogo e jornalista científico norte-americano, desenvolveu o conceito de inteligência emocional e escreveu *Emoções que curam*.

David Harvey (1935-): geógrafo britânico, formado na Universidade de Cambridge, trabalha com questões da Geografia Urbana e Econômica.

Dom Laurence Freeman (1951-): monge beneditino inglês, coordenador da Comunidade Mundial de Meditação Cristã.

Edgar Morin (1921-): antropólogo, sociólogo e filósofo francês, com formação em Direito, História e Geografia, estudou Epistemologia e o fenômeno da complexidade.

Edmund Husserl (1859-1938): filósofo e matemático alemão da Escola da Fenomenologia, rompeu com a orientação positivista na ciência de sua época.

Eduardo Galeano (1940-2015): jornalista e escritor uruguaio, autor de livros de ficção, análise política e História, traduzidos em diversos idiomas.

Edward Thompson (1924-1993): historiador inglês, escreveu sobre trabalho, cultura e o conceito de experiência histórica.

Émile Durkheim (1858-1917): sociólogo e filósofo francês. Pela atuação e valor de suas obras deu à Sociologia o caráter de ciência.

Eric Hobsbawm (1917-2012): historiador britânico com investigação sobre o desenvolvimento das tradições, escreveu *A era dos extremos* (1994).

Erik Erikson (1902-1994): psicanalista alemão, atuou nos Estados Unidos como um dos teóricos da Psicologia do Desenvolvimento.

Ernst Cassirer (1874-1945): filósofo alemão, desenvolveu uma Filosofia da Cultura ao propor uma teoria dos símbolos baseada na Fenomenologia.

Eugène Enriquez (1931-): psicólogo francês nascido na Tunísia, pioneiro da Sociologia Clínica, professor da *Universidade Paris VII – Denis-Diderot*.

Eugen Rosenstock-Huessy (1888-1973): sociólogo e filósofo alemão, um dos expoentes da Filosofia da Linguagem.

Gillian McKeith (1959-): nutricionista escocesa, escritora, propagadora de planos de dieta e estilos de vida.

Guimarães Rosa (1908-1967): diplomata, romancista, considerado um dos maiores escritores brasileiros.

Guy Debord (1831-1994): escritor francês, em *A sociedade do espetáculo* mostra as novas formas de organização social do capitalismo no século XX.

Hans-Georg Gadamer (1900-2002): filósofo alemão, tratou o fenômeno da compreensão numa Filosofia hermenêutica para interpretar textos.

Helena Kolody (1912-2004): poetisa e professora brasileira, cuja obra premiada tem entre outros livros *Viagem no espelho* (1988).

Helga Nowotny (1937-): professora universitária austríaca na área de Estudos Sociais da Ciência, pesquisa a relação entre ciência e tecnologia.

Henri Bergson (1859-1941): filósofo e diplomata francês, discutiu questões como consciência, matéria, memória, moral, ganhou o Prêmio Nobel de Literatura de 1927.

Hipócrates (460 a.C.-370 a.C.): filósofo e médico grego, que transformou a Medicina em ciência. Elaborou e cumpriu o Código de Ética que leva seu nome.

Immanuel Kant (1724-1804): filósofo prussiano (atual Alemanha), refletiu sobre Epistemologia, a ciência da ciência na era moderna.

István Mészáros (1930-2017): filósofo húngaro, Professor emérito da Universidade de Sussex (Inglaterra), defensor da educação permanente.

James Cook (1728-1779): navegador e cartógrafo britânico, que comandou expedições pelo Oceano Pacífico como capitão da Marinha Inglesa.

Jean Baudrillard (1929-2007): sociólogo, filósofo e fotógrafo francês, escreveu sobre consumo, cultura de massa, comunicação e sociedade.

Jerome David Salinger (1919-2010): escritor norte-americano, cria diálogos coloquiais e observa a realidade social, expressando-os em contos.

Joffre Dumazedier (1915-2002): sociólogo francês pioneiro nos estudos de lazer e hábitos culturais.

John Main (1926-1982): monge beneditino inglês, fundador da Meditação Cristã, mestre espiritual que consolidou tradições da oração contemplativa.

Jürgen Habermas (1929-): filósofo e sociólogo alemão da Escola de Frankfurt. Na Teoria Crítica, refletiu sobre democracia, esfera pública e ação comunicativa.

Ludwig Wittgenstein (1889-1951): filósofo austríaco, naturalizado britânico, responsável pela virada linguística na Filosofia do século XX.

Manuel Castells (1942-): sociólogo espanhol, defende em seu livro *Sociedade em rede* o conceito de capitalismo informacional.

Marcel Mauss (1872-1950): antropólogo e etnólogo francês sistematizador da teoria da dádiva em que o valor da relação social supera o valor das coisas.

Maria Clara Bingemer (1949-): teóloga brasileira, professora da PUC-Rio, entre seus livros está *Experiência de Deus na contemporaneidade*.

Martin Buber (1878-1965): filósofo e escritor austríaco, pedagogo da nova escola baseada no diálogo.

Martin Heidegger (1889-1976): filósofo e professor universitário alemão, fundador da Hermenêutica Filosófica. Em o *Ser e o tempo* (1927) discute a compreensão do Ser.

Martin Seligman (1942-): psicólogo norte-americano, professor da Universidade da Pensilvânia, desenvolveu a Psicologia Positiva.

Maurice Merleau-Ponty (1908-1961): filósofo francês, estuda o ser humano e a percepção como origem dos fenômenos em *A Fenomenologia da Percepção* (1945).

Max Weber (1864-1920): sociólogo alemão, teorizou sobre fundamentos sociológicos e a burocracia em estudos de Ciência Política, Economia e Religião.

Mia Couto (1955-): biólogo e escritor moçambicano, dedica-se a temas culturais e de impacto ambiental, autor diversas vezes premiado.

Michel de Certau (1925-1986): historiador francês, jesuíta, refletiu sobre as implicações entre tempo e lugar na obra *A invenção do cotidiano*.

Mirian Goldenberg (1957-): antropóloga e escritora brasileira, professora da Universidade Federal do Rio de Janeiro.

Norbert Elias (1897-1990): sociólogo alemão, viveu na Inglaterra e contribuiu com teorias sociológicas sobre o indivíduo, o tempo, o processo civilizatório.

Octavio Ianni (1926-2004): sociólogo e professor brasileiro, foi docente da USP e pesquisou sobre populismo, imperialismo e desigualdades sociais.

Padre Antônio Vieira (1608-1697): religioso jesuíta, filósofo, escritor e orador português. Foi missionário no Brasil.

Papa Francisco (1936-): sacerdote jesuíta, argentino, Jorge Mario Bergoglio é o 266º papa da Igreja Católica e atual chefe de Estado da Cidade-Estado do Vaticano.

Paul Ricœur (1913-2005): filósofo francês do período pós-Segunda Guerra Mundial, com estudos em Hermenêutica sobre a teoria da ação.

Pierre Bourdieu (1930-2002): sociólogo francês, filósofo de formação, foi docente na *École de Sociologie du Collège de France* e desenvolveu a Teoria da Reprodução Social.

Pierre Lévy (1956-): filósofo e sociólogo francês, pesquisa em Ciência da Informação e da Comunicação o impacto da inteligência artificial na sociedade.

Platão (427-347 a.C.): filósofo que, na Grécia Antiga, sistematizou a organização sociopolítica ocidental com escritos na forma de diálogos.

René Descartes (1596-1650): filósofo e matemático francês, autor de *Discurso sobre o método* (1637), obra que influenciou a ciência moderna.

Richard Sennett (1943-): sociólogo, historiador, romancista norte-americano, tem escrito sobre a cultura do capitalismo.

Robert Sternberg (1949-): psicólogo e psicometrista e professor norte-americano. Estuda processos cognitivos.

Rubem Alves (1933-2014): educador, psicanalista, teólogo e escritor brasileiro, autor de livros educacionais, religiosos, existenciais e infantis.

Santo Agostinho (Agostinho de Hipona) (354 d.C.-430 d.C.): filósofo e teólogo argelino nos primórdios do cristianismo, foi bispo de Hipona na província romana da África.

Sócrates (469 a.C.-399 a.C.): filósofo na Grécia antiga, um dos fundadores da Filosofia Ocidental com ideias no campo da ética.

Steve de Shazer (1940-2005): psicoterapeuta norte-americano, pioneiro da terapia breve focada em soluções, dedicou-se a trabalhos com famílias.

Steve Jones (1944-): biólogo, geneticista, professor britânico do University College London, estudioso da evolução e especialista em Darwin.

Thais Godinho (1938-): jornalista brasileira, editora do Blog Vida Organizada, autora de livros, como *Trabalho organizado*.

Tetsuji Murakami (1927-1987): primeiro mestre japonês na França a difundir o Karatê-Do, a partir da arte marcial de Okinawa.

Ulrich Beck (1944-2015): sociólogo alemão, lecionou na Univ. de Munique e na Escola de Economia de Londres. Modernidade reflexiva e sociedade de risco são conceitos seus.

Viktor Frankl (1905-1997): neuropsiquiatria austríaco, fundador da terceira escola vienense de psicoterapia, a Logoterapia e Análise Existencial.

Zygmunt Bauman (1925-2017): sociólogo e filósofo polonês, Professor emérito das Univ. Leeds (Inglaterra) e Varsóvia (Polônia). Desenvolveu o conceito de modernidade líquida.

Referências

AGOSTINHO. (1967). *Le confessioni*. Roma: Paoline.

ALVES, R. (2017). Texto disponível em https://armazemdetexto.blogspot.com/2017/11/texto-pipoca-rubem-alves-com.html – Acesso em 13 out. 2019.

ARAÚJO, S.M.; GIRARDI, A. (2016). *Projeto de Vida – Uma visão ampliada*. São Paulo: Paulinas.

BAUDRILLARD, J. (1985). *À sombra das maiorias silenciosas*. São Paulo: Brasiliense.

BAUMAN, Z. (1999). *Modernidade e ambivalência*. Rio de Janeiro: Zahar.

BAUMAN, Z. (2001). *Modernidade líquida*. Rio de Janeiro: Zahar.

BAUMAN, Z. (2008). *Vite di corsa*. Bolonha: Il Mulino.

BECK, U. (2008). *Costruire la propria vita*. Bolonha: Il Mulino.

BECK, U. (2010). *Sociedade de risco*. São Paulo: Ed. 34.

BERGER, P.; LUCKMANN, T. (1985). *A construção social da realidade*. Petrópolis: Vozes.

BERGSON, H. (1996). *Matéria e memória*. Bari: Laterza.

BINGEMER, M.C. (2018). Entrevista. *O Mensageiro de Santo Antônio*, jul.-ago.

BOFF, L. (2001). *Espiritualidade*. Rio de Janeiro: Sextante.

BOURDIEU, P. (1996). *Razões práticas*. Campinas: Papirus.

BOURDIEU, P. (1998). *Contrafogos*. Rio de Janeiro: Zahar.

CASSIRER, E. (2005). *Ensaio sobre o homem*. 3. ed. São Paulo: Martins Fontes.

CASTELLS, M. (2000). *A sociedade em rede*. Vol. 1. 3. ed. São Paulo: Paz e Terra.

CASTORIADIS, C. (1982). *A instituição imaginária da sociedade*. Rio de Janeiro: Paz e Terra.

CERTEAU, M. (2012). *A invenção do cotidiano*. Vol. 1. 18. ed. Petrópolis: Vozes.

CHAUVIRÉ, C. (1989). *Wittgenstein*. Rio de Janeiro: Zahar.

CORSANI, A. (2003). Elementos de uma ruptura. In: GALVÃO; SILVA; COCCO (orgs.). *Capitalismo cognitivo*. Rio de Janeiro: DP&A.

DEBORD, G. (2006). *A sociedade do espetáculo*. Rio de Janeiro: Contraponto.

DUMAZEDIER, J. (1973). *Lazer e cultura popular*. São Paulo: Perspectiva.

DUPAS, G. (1999). *Economia global e exclusão social: pobreza, emprego, Estado e o futuro do capitalismo*. São Paulo: Paz e Terra.

DURKHEIM, E. (1996). *As formas elementares da vida religiosa*. São Paulo: Martins Fontes.

ELIAS, N. (1994). *A sociedade dos indivíduos*. Rio de Janeiro: Zahar.

ELIAS, N. (1998). *Sobre o tempo*. Rio de Janeiro: Zahar.

ENRIQUEZ, E. (2012). Tempo e experiência. *Mutações: o futuro não é mais o que era*, Rio de Janeiro/São Paulo, p. 89-90, ago.-out.

FLECKINGER, A. (2005). *Ötzi, l'Uomo venuto dal giaccio*. Viena/Bolzano: Folio.

FRANKL, V. (2008). *Em busca de sentido*. 31. ed. Petrópolis: Vozes.

FREEMAN, L. (2012). No Decoration. *Laurence Freeman Blog* [Disponível em. http://wccm.us4.listmanage2.com/track/click-wu=c3f683a744e71a2a6032f4bc&id=cb72ac8f24&e=5e15caf4b5 – Acesso em out./2012].

GADAMER, H.-G. (1997). *Verdade e método*. 4. ed. Petrópolis: Vozes.

GALEANO, E. (1991). *O livro dos abraços*. 3. ed. Porto Alegre: LP&M.

GIDDENS, A. (1991). *As consequências da Modernidade*. São Paulo: Unesp.

GIDDENS, A. (2002). *Modernidade e intimidade*. Rio de Janeiro: Zahar.

GRAYBIEL, A.; SMITH, K. (2015). Bons hábitos, maus hábitos. *Mente e cérebro*, São Paulo, n. 264, p. 34-41, jan.

GRÜN, A. (2009). *Encontrar o equilíbrio interior*. Petrópolis: Vozes.

GODINHO, T. (2014). *Blog Vida Organizada* [Disponível em https://vidaorganizada.com/2014/10/04/desculpas-que-nos-damos-quando-adiamos-nossos-sonhos-e-como-contornar-cada-uma-delas/].

GOLDENBERG, M. (2020). Curar o medo, alimentar a alegria. *Folha de S. Paulo*, Folhacorrida, A26, 07/01.

HABERMAS, J. (1990). *Pensamento pós-metafísico*. Rio de Janeiro: Tempo Brasileiro.

HARVEY, D. (1993). *A condição pós-moderna*. 2. ed. São Paulo: Loyola.

HEIDEGGER, M. (2018). *Ser e tempo*. 10. ed. Petrópolis: Vozes.

HOBSBAWM, E. (1995). *Era dos extremos*. São Paulo: Companhia das Letras.

HUSSERL, E. (2019). *Ideias referentes a uma Fenomenologia Pura e a uma Filosofia Fenomenológica* (PDF).

ILARDUIA, J.M. (2003). *Il Progetto personale*. Bolonha: EDB.

JOHNSON, S. (1984). *O presente precioso*. 3. ed. Rio de Janeiro: Record.

LECCARDI, C. (2005). Para um novo significado do futuro. *Tempo social*, São Paulo, vol. 17, n. 2.

LECCARDI, C. (2009). *Sociologie del tempo*. Bari: Laterza.

LEOPOLDO E SILVA, F. (2012). O visível e o invisível do tempo. *Mutações: o futuro não é mais o que era*. Rio de Janeiro/São Paulo, ago.-out.

LÉVY, P. (2015). *A inteligência coletiva*. São Paulo: Folha de S. Paulo.

MacGREGOR, N. (2013). *A história do mundo em 100 objetos*. Rio de Janeiro: Intrínseca.

MAIN, J. (2006). *The door to silence*. Norwich: Canterbury.

McKEITH, G. (2005). *Você é o que você come*. 9. ed. Rio de Janeiro: Elsevier.

MELILLO, A.; OJEDA, E. (col.) (2005). *Resiliência*. Porto Alegre: Artmed.

MENDONÇA, A.L. (2007). Mude e marque. *O Estado de S. Paulo*, 02/05.

MÉSZÁROS, I. (2002). *Para além do capital*. São Paulo: Boitempo/Unicamp.

MORIN, E. (1997). *Cultura de massas no século XX*. Vol. 1 [1964]. Rio de Janeiro: Forense Universitária.

MORIN, E. (2005). *O método 5: a humanidade da humanidade*. 3. ed. Porto Alegre: Sulina.

PAPA FRANCISCO (2015). Carta Encíclica *Laudato Si'*. São Paulo: Paulinas.

PINTO, A. (org.). (1940). *Seleta em prosa e verso dos melhores autores brasileiros e portugueses* [1883]. Porto Alegre: Selbach.

PRADO, A. (2015). *Poesia reunida*. Rio de Janeiro: Record.

RICOUER, P. (1999). *História y narratividad*. Barcelona: Paidós.

ROJAS, S. (2011). Lo contemporáneo. In: VALDERRAMA, M. (ed.). *Qué es lo contemporáneo?* Santiago: Universidad Finis Terrae, p. 51-104.

ROVELLI, C. (2018). *L'ordine del tempo*. Roma: Emons [Audiolivro, CD-MP3].

SALINGER, J. (2019). *O apanhador no campo de centeio*. São Paulo: Todavia.

SARTI, C. (1994). *A família como espelho*. Tese de doutorado. São Paulo: FFLCH/USP.

SASSEN, S. (2008). *Uma sociologia della globalizzazione*. Turim: Einaudi.

SCHOPENHAUER, A. (2015). *Aforismos sobre a sabedoria de vida*. São Paulo: Folha de S. Paulo.

SCHUTZ, A. (1979). *Fenomenologia e relações sociais*. Org. de H. Wagner. Rio de Janeiro: Zahar.

SELIGMAN, M. (2004). *Felicidade autêntica*. Rio de Janeiro: Objetiva.

SIMMEL, G. (1987). As formas sociais como objeto próprio da Sociologia. In: CARVALHO, N. (org.). *Leituras sociológicas*. São Paulo: Vértice.

SENNETT, R. (1999). *A corrosão do caráter*. Rio de Janeiro: Record.

SHAZER, S. (1987). *Pautas de terapia familiar breve*. Buenos Aires: Paidós.

SOUSA SANTOS, B. (1996). *Pela mão de Alice*. 2. ed. São Paulo: Cortez.

STERNBERG, Robert. (1988) *The triarchic mind*. Nova York: Viking.

THOMPSON, E. (1978). *A miséria da teoria*. São Paulo: Brasiliense.

TORRALBA, F. (2012). *Inteligência espiritual*. Petrópolis: Vozes.

TOURAINE, A. (1976). *Cartas a uma jovem socióloga*. Rio de Janeiro: Paz e Terra.

WRIGHT MILLS, C. (1972). *A imaginação sociológica*. 3. ed. Rio de Janeiro: Zahar.

Leia também!

Conecte-se conosco:

 facebook.com/editoravozes

 @editoravozes

 @editora_vozes

 youtube.com/editoravozes

 +55 24 2233-9033

www.vozes.com.br

Conheça nossas lojas:

www.livrariavozes.com.br

Belo Horizonte – Brasília – Campinas – Cuiabá – Curitiba
Fortaleza – Juiz de Fora – Petrópolis – Recife – São Paulo

  Vozes de Bolso

EDITORA VOZES LTDA.
Rua Frei Luís, 100 – Centro – Cep 25689-900 – Petrópolis, RJ
Tel.: (24) 2233-9000 – E-mail: vendas@vozes.com.br